Cuando dudas de ti

Estilos 27

ANTONI TOLMOS

Cuando dudas de ti

Autoestima para artistas

Enamórate de ti y de tu proyecto en 6 suspiros

Editorial

MILENIO

LLEIDA, 2025

© del texto: Antoni Tolmos Tena, 2025
© de la ilustración de la cubierta: Sonia Alins Miguel, 2025
© de esta edición: Milenio Publicaciones SL, 2025
Sant Salvador, 8 - 25005 Lleida (España)
www.edmilenio.com
editorial@edmilenio.com
Primera edición: febrero de 2025
ISBN: 978-84-19884-79-4
DL: L 91-2025
Impreso en Arts Gràfiques Bobalà, SL
www.bobala.cat

Printed in Spain

ÍNDICE

MIS DUDAS

Siempre que escribo lo hago como si estuviera conversando con alguien que tengo frente a mí. Unas veces, imagino a un estudiante de los que me escuchan atentamente en mis clases de universidad o que estoy en una sala dando una de mis conferencias. Otras veces, pienso en uno de los artistas que estoy mentorizando. De hecho, alguno de los párrafos de este libro ha salido de mensajes y tutorías que hago regularmente.

Y siempre dudo de qué género poner a los objetos de mis frases. Porque en mi imaginación a veces tengo frente a mí a un hombre, otras, a una mujer, a una niña, a un joven o a un anciano. O a una mujer que fue hombre.

Años atrás el género masculino era el predominante en los textos cuando nos referíamos a todos y a todas en general. Pero no sé si es porque la música es un término femenino, como lo es la sensibilidad, la bondad, la generosidad, la empatía, o nuestra gran protagonista la autoestima, por lo que me resisto a hacerlo únicamente en masculino.

El motivo también puede ser que estemos en el siglo de las mujeres. Bueno, no en todas las sociedades actuales, ya que en algunos países están unos cuantos siglos por detrás. Y seguirán ahí desafortunadamente. Mientras, cada uno en su pequeño espacio de divulgación debe aportar su grano de arena para que la igualdad de género vaya un poco más allá del simple, pero no menor, detalle de escribir en masculino o femenino.

Una vez oí decir que el siglo veintiuno sería el siglo de las mujeres y yo quise añadir que debería ser también el siglo del lado femenino de los hombres. O aún mejor, el siglo de la sensibilidad.

Es por este motivo por el que en este libro encontrarás indistintamente el género femenino y el masculino. Eso dependerá de quien esté en ese momento frente a mí. En mi imaginación.

Y en un libro en el que te voy a invitar a suspirar continuamente, déjame añadir también una nota gramatical. Cuando te escriba "te suspiro", voy a lanzarte una propuesta de reflexión sobre el contenido que haya explicado. Pero como sabes, el verbo *suspirar* es un verbo intransitivo, por lo que conjugarlo de esta manera es un artificio que me es útil para transmitir ese significado. Yo no puedo suspirarte. Suspiras tú. Me permito esta licencia con la excusa de que, desde la humildad, podemos saltarnos algunas veces las normas y así dar a nuestro mensaje un sentido más cercano a la poesía y no tanto a lo normativo. Gracias por dejarte suspirar.

INTRODUCCIÓN

La losa de mármol

"Su hijo será un gran pianista". Fue la frase que un día mi profesora de piano dijo a mis padres al finalizar una audición compartida con otros alumnos. Tenía doce años.

¿Cómo sabía esa señora que yo sería pianista? Es más, ¿cómo sabía que, de serlo, sería un "gran" pianista?

Quizás era un deseo que ella tenía viendo mis habilidades con las teclas. O a lo mejor tenía la certeza de que yo decidiría dedicarme a la música viendo mis habilidades, mi pasión y mi regularidad.

Pero había algo que yo no acababa de entender. Si tan orgullosa estaba de mi progreso y cumplía con creces sus expectativas, ¿por qué razón fue la profesora que siempre me calificó con notas un tanto bajas? Claro, debía ser aquello de que, si le puntúo por debajo de lo que merece, seguro que se esforzará más y conseguirá resultados más importantes. ¿Ah sí? Pues no sé. Hoy a mis cincuenta y cuatro años sigo dudando de esa conocida estrategia de motivación de los estudiantes. Si tocas de 8, te mereces un 8; si tocas de 5, un 5. Y si tocas de fábula, pues un 9,5 como mínimo. Digo yo.

Si tan bien tocaba, mejor que muchos de mis compañeros de curso, ¿cómo podía encajar que mis notas no se correspondieran con esos halagos? No entendía nada.

Y si al final de una audición me felicitaban mis compañeros, sus padres y muchos de los profesores asistentes... ¿En qué quedamos? ¿Era bueno o no tanto? ¿Seré un gran pianista?

Por suerte, a los doce años no dudaba de mí. Aún. Pero a esa edad intentas justificar lo que no entiendes para darle una certeza que te permita seguir adelante. Porque sí, tenía bastante claro que quería ser pianista, pero no sabía qué quería decir ser un gran pianista y sobre todo qué significaba perseguirlo. ¿Y si no lo conseguía? ¿Qué respuesta me daría mi profesora de piano? ¿Por qué carajo dijo eso?

No supe dar respuestas en aquel momento. Pero sí notaba sobre mi cabeza una gran losa de mármol.

El peso de la piedra

En el año 2008 di un concierto en Girona, en la Casa de la Cultura. Es una sala en donde he actuado varias veces y la verdad es que siempre me ha acompañado esa magia que tienen algunos espacios, en los que antes de volver a actuar en ellos, ya tienes la grata sensación en el cuerpo de que será nuevamente una gran experiencia.

Unas horas antes de mi concierto ya estaba en la sala para poder probar el piano, acomodar la altura de la banqueta, pasear por la platea, impregnarme del olor de las butacas de madera y probar el micrófono de diadema que siempre llevo conmigo. Es decir, familiarizarme con la sala como si estuviera actuando en el salón de mi casa.

Pero tuve que esperar. Antes de mi concierto estaba programada una audición de una joven violinista. Una muy joven violinista. El cartel de la audición, expuesto en un caballete de pintor en la entrada de la sala, anunciaba con letra de gran tamaño y tipografía estelar el nombre de la joven, niña, mejor dicho, y, después de su nombre y con letra aún más contundente, la frase: "la nueva violinista prodigio de la ciudad de Girona".

El concierto de la joven prodigio estaba a punto de comenzar. Me situé al final de la sala, cerca de la puerta. De pie. He de confesar que no me gusta sentarme en una butaca cuando voy de espectador. Me siento atrapado en el tiempo. Quizás se debe a estar acostumbrado a tener siempre la mejor silla de todo el auditorio, la que hay justo en el escenario y que curiosamente siempre que yo doy un concierto está libre. Ya ves.

Pues bien, por ese motivo de extraña claustrofobia artística, escuché de pie el inicio del concierto de la superviolinista gerundense a la que acompañaba un pianista ya no tan joven. Una primera obra en donde los pasajes iniciales al piano mostraban un tempo muy atrevido y poco recomendable para iniciar el concierto. Es mi opinión, claro.

Al cabo de dos minutos de introducción, ese buen pianista tocó una cadencia suspensiva preparando así la entrada del violín. Y allí estaba el sonido de la joven niña prodigio de la ciudad de Girona. Y sí, tocaba como los ángeles, para su edad. Con un sonido cálido e intenso a la vez, para su edad. Con una técnica ágil y depurada, para su edad. Con una madurez propia de edades más avanzadas. Buena, realmente buena, esa niña con el violín.

Pero de vez en cuando desafinaba. Vaya. Algo normal a su edad. Tenía ciertas impurezas técnicas. Lo normal a su edad. Con cierta tendencia a acelerarse en las semicorcheas. Algo lógico a su edad.

¿A quién se le ocurrió escribir en el cartel del concierto "La nueva violinista prodigio de la ciudad de Girona"? ¡Por favor! Está claro que era una interpretación brillante de una estudiante con unas habilidades increíbles con el violín y con una musicalidad que enamoraba. ¡Pero tenía imperfecciones!

11

El público estaba entregado a esa audición ya antes que la niña emitiera la primera nota del concierto. Amigos, familiares, compañeros de estudios, todos aplaudían a rabiar ante tan espléndidas interpretaciones. Es lo que yo llamo la percepción afectiva y que ocurre cuando quien escucha tiene un vínculo afectivo con el artista, por lo que la objetividad de la opinión se va al garete.

Pero ¿había en la sala alguien más que opinara como yo? Seguramente sí. Pero claro, ¡a quién se le iba a ocurrir decirlo! Es como cuando alguien te dice que tu hijo está molestando... "¿Perdone? ¡Pues el suyo más!".

Durante ese concierto sentí la necesidad, debido a mi espíritu de pedagogo, de buscar a la persona que había decidido esculpir en la piedra situada en un caballete de pintor la frase que incluía la peor palabra que se puede utilizar para definir a una muy joven estudiante que apunta maneras como promesa del violín. La palabra fatídica es: *prodigio*.

Esa palabra actúa como una auténtica losa de mármol que la estudiante debe llevar encima durante su crecimiento personal y artístico. A causa del peso de la piedra, le ayudarán a transportarla sus padres, sus tías (son las que tienen más fuerza), alguno de sus profesores que ven en la niña la posibilidad de atraer nuevas promesas de la música y poder colgarse sendas medallas... Y, finalmente, si hay que echar una mano, también colaborarán para soportar el peso del mármol personas que sienten que esa niña llevará el nombre de la ciudad por todo el planeta y que se acordará de sus aplausos cuando le hagan entrevistas en sus conciertos internacionales.

Pero ¿quién cargará con su losa de mármol cuando la niña, joven, mujer, se encuentre sola? Cuando un señor, situado de pie al final de la sala, se atreva a decirle, con cariño pero con certeza: "Tocas de maravilla pero de vez en cuando desafinas y tienes tendencia a correr".

La losa de mármol es una piedra inmensa que nos regalaron de pequeñitos para subir nuestra autoestima y creernos los mejores del mundo. Pero cuando vas creciendo desaparecen las manos que sustentan su peso y te encuentras sola.

Es entonces cuando dudas de ti.

PRIMER SUSPIRO. CONÓCETE
Y ofrece tu mejor versión

No se trata de cómo yo te llame, sino a qué respondes tú. Pero si no sabes quién eres, cualquiera puede ponerte un nombre. Y si cualquiera puede ponerte un nombre, entonces responderás a cualquier cosa.

PROVERBIO AFRICANO

¿Quién eres?

Estimada lectora, estimado lector. Es muy probable que en este momento ya me conozcas. Quizás por haber leído sobre mí, por haber escuchado mi música o haberme visto en directo. Cabe la posibilidad también de que nos conozcamos personalmente.

Pero la pregunta clave, que te formulo de dos maneras, es:

¿Te conoces a ti misma?

Esta primera manera es una pregunta cerrada, es decir, solo puedes contestar sí o no. O, en todo caso, no lo sé. Las preguntas cerradas no nos invitan a pensar demasiado, aunque ante una pregunta como esta puede que te haya costado responder.

Vamos con la pregunta abierta. ¿Cómo eres? Uf, esta ya tiene más sustancia.

Si fueras amigo tuyo (al tanto, no te pierdas), ¿qué opinarías de ti? Piensa ahora mismo en alguna persona que consideres que te conoce mucho. Pero mucho, mu-

15

cho. La persona que más te conoce. ¿La tienes? ¡Esa! ¿Lo sabe todo de ti? ¿Pero todo, todo...? Intuyo la respuesta.

Bien, sigamos. Quitemos gente del medio. Ahora solamente estás tú.

¿Lo sabes todo de ti? ¿Todo, todo?

Casi seguro que todo... pues no. Te lo aseguro. Si te sirve de algo, yo llevo cerca de veinte años trabajando en desarrollo y crecimiento personal y aún hoy descubro facetas nuevas de mí. Sigo en la tarea de conocerme. Es fascinante y, a veces, también algo desalentador.

Porque sí, sé que tengo cosas muy buenas. Algunas las comparto con los demás y recibo felicitaciones e incluso muchos aplausos, es lo que tiene salir regularmente a un escenario. Y hay algunas que prefiero esconderlas o al menos que no se me noten mucho.

Momentos de envidia, por ejemplo, hacia alguien que hace algo mejor que yo y que quiero tapar haciéndome creer que es admiración. No, señor Tolmos, eso es envidia. Y no sirve aquello de decir que es envidia "sana". Eso no cuela. Sería como decir que el demonio en el fondo tiene buen corazón.

Y, en el otro lado, tenemos aquello que sí que nos gusta que se vea. Piensa en algo que te guste mostrar de ti y que sabes que gusta a los demás. ¿Tu producción artística? ¿Tus cuadros? ¿Tus poemas? ¿Tus canciones? ¿Tu manera de ser? ¿Tu tono de voz? ¿Tu físico? Seguro que hay detalles que sabes que gustan de ti.

Bien, pues todo eso que gusta de ti son tus cartas ganadoras. Tus fotos en donde quedas bien, tus detalles que tanto agradecen los que te rodean. Los cuadros que pintas, si pintas; las canciones que compones, si compones; las coreografías que bailas, si bailas. Y las sonrisas, los gestos, los besos y los abrazos. Tu generosidad, empatía, los cafés de "ya pago yo", o cuando pones tú el coche. Y la gasolina.

16

Toda esa artillería que entregas para hacer y dejar este mundo un pelín mejor de lo que estaba. Sí, ese eres tú. También. A todo eso le vamos a llamar "fortalezas".

Fortaleza

Esta palabra está formada a partir del latín *fortis*, que significa 'fuerte', 'vigoroso', 'robusto', 'valiente' y 'decidido', y del sufijo *-essa*, *-eza*, que en castellano significa 'en calidad de'. Tienes fortalezas en tanto que tienes cualidades que te hacen fuerte.

Y si atendemos a su significado según la religión cristiana, la fortaleza es la tercera virtud cardinal que trata de vencer el temor y eludir la temeridad. ¡Casi nada!

Recuerdo que cuando de pequeño jugaba a indios y vaqueros, no sé por qué razón siempre creí que los buenos eran los vaqueros y los malos los indios. Pobres indios. Para resguardar a todos mis vaqueros de esos malvados los protegía dentro del fuerte del oeste. Era una construcción de madera (de plástico en realidad) que protegía no solo a los valientes pistoleros sino también a sus familias.

Esa coraza arquitectónica era una fortaleza. Como lo era una muralla, un bastión, un alcázar o un castillo en donde la princesa se sentía segura. Lo que nos hace fuertes nos crea protección y seguridad y nos hace más inmunes ante los peligros ajenos.

Cuando hablamos de nuestras fortalezas podemos tener una cierta sensación de seguridad, de estar protegidos y de saber que por ahí no nos van a pillar o que por lo menos les va a costar más. Es como quien tiene una buena estatura y se siente seguro al saber que será el primero en llegar a la canasta o que podrá coger los productos de más arriba en el supermercado sin pedir ayuda.

Pero cuando hablamos de las fortalezas de nuestra personalidad ya nos cuesta un poco más creer en ellas. Como que poseerlas no tiene demasiado mérito. Soy así. No he hecho nada para serlo.

Flores frescas

Las fortalezas hay que cuidarlas, alimentarlas y mimarlas. Son como un ramo de flores frescas que alguien te regala y que en tu mano está que siga vivo y fuerte durante mucho tiempo. Todas esas grandezas internas nos vinieron preinstaladas por nuestro creador. Bueno, en realidad fueron dos, mamá y papá. De ellos fue nuestro primer ramo de flores frescas. En cada flor hay una fortaleza de perfume envidiable y varias espinas para defenderla de los ataques de la vida.

Cuando damos gracias a la vida debemos hacerlo pensando en quienes la hicieron posible. ¿Estás pensando ahora en ellos? No los juzgues, solo piensa en ellos. Lo hicieron lo mejor que supieron. Te transmitieron todo lo que tenían, acertando muchas veces y equivocándose otras muchas. Te dieron las mejores flores de su jardín. Las fortalezas. Y sí, puede que lo estés pensando, también te transmitieron mensajes que quizás no te han ayudado demasiado. Hablaremos de ello más adelante.

Te suspiro

"Te suspiro" es una propuesta puntual que te hago para que dejes ir tu pensamiento en este momento.

Levanta tus ojos y piensa en una fortaleza que creas que has heredado de tu madre. ¿Cómo te ayuda en tu día a día?

Demuestra mentalmente tu agradecimiento: "Gracias, mamá".

Puedes hacer lo mismo pensando en papá.

"Gracias, papá".

Seguimos.

Fortalezas artísticas

Vamos ahora a hablar de aquellas fortalezas que te definen como artista. Si estás leyendo este libro, es seguramente porque las orejas de tu artista se sintieron llamadas al leer el título de esta publicación.

Y yo, como autor, no me estoy dirigiendo a ningún artista en particular. De entre los que me leéis, me consta que hay artistas con un buen carrerón a sus espaldas, y otros que estáis en vuestros inicios. Pero todas y todos tenéis, tenemos, momentos de dudas y la necesidad de comprar más litros de amor para beber cada mañana.

Dicho esto, sin conocerte, estoy seguro de que albergas en ti fortalezas que te animaron a decir aquella frase mítica de "mamá, quiero ser artista". Las pistas te las dieron frases como las que te escribo a continuación.

"Toca el violín de maravilla"; "pinta como los ángeles"; "se mueve como una sirena"; "transmite paz en su sonido"; "escribe como un poeta"; "con lo joven que es, emociona con solo mirarla".

O estas otras frases que tu ángel artista te decía al oído, flojito primero y a gritos después. "Me siento artista"; "qué bonito sería dedicarme a pintar"; "necesito hacer canciones"; "me imagino debutando en un *ballet* profesional"; "necesito escribir todo lo que siento".

Mamá,

Mamá, quiero...

No, nada.

¡Mamá!

¡¡Mamá!!

¡¡¡Mamá, quiero ser artista!!!

En estas frases se esconde una clara admiración por aquello que hacías cuando ibas descubriendo tu vocación. Y seguramente te diste cuenta de que gustabas más mientras eras más joven. Sí, me refiero que en ese momento tenías muchas manos sosteniendo la losa de mármol. Eso sí, mostrabas cualidades de manera objetiva. Ahí había madera, buena madera.

También existe el caso, podría ser el tuyo, de descubrir fortalezas artísticas ya de mayor. En la adolescencia, cuando un amigo te anima a apuntarte a música para poder tocar en su grupo. O cuando nos damos cuenta de que nos encanta escribir y cada día llenamos varias hojas de pensamientos o la trama de cuentos fantásticos. O cuando pasamos de hacer coreografías delante del teléfono a recibir clases de baile y descubrimos lo bien que nos meneamos.

Sea como sea, no te voy a engañar. Cuanto más talento, más posibilidades hay de hacer arte. Pero al tanto, el talento por sí solo es como el depósito lleno de un coche, si no se saca nunca del garaje, de poco sirve tanto combustible. Y me atrevo a decirte que, en el éxito artístico, y en cualquier ámbito, el talento participa como mucho en un 50%. La otra mitad la iremos descubriendo en estos suspiros.

Ahora vas a pensar en esas fortalezas artísticas. Pero antes quiero explicarte una cosa. A fecha de hoy tengo publicados dieciséis trabajos discográficos como pianista y compositor. Visto así, podríamos afirmar que debo tocar bien el piano. Miro atrás y se confirma lo que me dijo aquella profesora cuando era un niño, "será un gran pianista". Por tanto, ya de jovencito mostraba talento con las teclas. Era una fortaleza evidente.

Crecí creyéndomelo. Siendo siempre, o casi siempre, el mejor de mi promoción. Pero cuando cumplí los dieciocho años e inicié el grado superior de piano me di cuenta de que entre los quince estudiantes de mi curso ni mucho menos era el mejor. La frase de "será un gran pianista" pasó a ser "será un gran pianista dependiendo siempre de con quien lo comparemos". Vaya.

En ese momento dudé de mí. De hecho, me pasé la carrera superior dudando. ¡Pero si me habían dicho que era un *crack*! ¿Y ahora qué? ¡Quiero hacer una reclamación! Muy bien, chaval. Sigue estudiando.

Con serenidad y mucha reflexión empecé a indagar y a atar cabos. Una voz interior me decía: "Sí, Antoni, estate tranquilo, tocas el piano muy bien. Pero no te compares,

20

algunos tocarán más rápido que tú, pero eso no significa nada. Hay atletas veloces que hacen cien metros en menos de diez segundos y también hay bailarines que en solo dos metros te provocan lágrimas de emoción".

Con trabajo y momentos bastante difíciles entendí que mi fortaleza, la de verdad, no era solamente tocar el piano, sino comunicar emociones a través del piano. Uf, menos mal que me di cuenta a tiempo. De lo contrario, hubiera abandonado mi carrera.

De ahí lo importante del autoconocimiento artístico. Saber de manera quirúrgica en qué eres buena. Pero buena, buena. Esa es la verdadera fortaleza. ¡Y la debes descubrir! Y te digo más, si indagas encontrarás escondidas cantidades de fortalezas relacionadas con tocar bien el piano, con pintar bien, con escribir o con bailar bien.

Veamos algún ejemplo más. Si indagamos en la frase "serás una gran pintora", podremos descubrir que tienes un prometedor futuro como profesora de arte, periodista especializada en arte, empresaria, comisaria o galerista. Y también pintando cuadros, claro.

O sencillamente, y no es poco, utilizarás la pintura para comunicarte, para ayudar a los demás, para evadirte, para entenderte, para quererte o para encontrar tu sitio en este mundo.

Para ser una más pero nunca una menos.

Te suspiro

En este suspiro piensa primero en tu fortaleza genérica. Y después añádele tus fortalezas específicas. ¿Las tienes?

Da gracias. Sonríe.

Debilidades

De entrada, te diré que una debilidad es una fortaleza en horas bajas. La razón de plantearlo así es, sencilla-

21

mente, que estamos hablando de términos cualitativos y no cuantitativos. La autoestima, por ejemplo, no solemos evaluarla del uno al diez para saber cuánto nos queremos.

Dicho esto, hay que reconocer que darle números a un elemento nos puede dar una visión general del estado de la cuestión. Si le preguntas a alguien cómo se valora del uno al diez en empatía y te responde que se valora con un ocho, te está dando un dato significativo sobre cómo se relaciona con su entorno: bastante bien. Esa cifra numérica te ayuda a saber de dónde partimos. Y en el caso de una nota baja, tres sobre diez de estado anímico, te está comunicando que la cosa está delicada.

Las personas nos situamos muy bien cuando le ponemos números a las cosas. Nos ayuda a tener una idea muy clara del punto de partida y el recorrido que necesitamos hacer para mejorar en determinados aspectos.

Las debilidades son parte de la fórmula. Van a estar ahí siempre. No puedes eliminarlas. Te diré más, las necesitas porque también ejercen una fuerza en ti. Como lo hace esa pata de la mesa que cumple su función, aunque esté cojeando, ya que si la quitas, la mesa se cae. Y, como te he escrito más arriba, una debilidad es una fortaleza que necesita ser gestionada y reforzada.

Todas las personas tenemos debilidades. Son las flores de nuestro ramo que necesitan agua. Algunas, de manera urgente. Otras requieren de un riego gota a gota que nos ayude a minimizarlas o al menos a evitar que interfieran en exceso en nuestro camino artístico.

Te voy a nombrar algunas de las debilidades en las que solemos coincidir los artistas. Y de una manera ágil le vas a poner una nota del uno al diez. Pero antes, déjame explicarte cómo vas a evaluarte para que tomes la máxima consciencia de esa debilidad.

La nota debe reflejar tu índice de satisfacción. Es decir, si yo me pongo un tres sobre diez en mi nivel de autoestima, eso significa que me preocupa de una manera

22

clara el bajo nivel de amor hacia mí mismo y, por tanto, voy a necesitar llevar a cabo alguna acción para mejorarlo. Pero atención, existe la posibilidad de que yo tenga una debilidad muy acusada pero que en este momento de mi vida no sea prioritario mejorarla.

Por ejemplo, puede que tenga una economía débil, pero que ahora mismo sea algo que no me preocupe demasiado. Antes me interesa regar otras flores de mi ramo que están más necesitadas. Viéndolo así, el índice de satisfacción de mi economía artística puedo valorarlo en un siete. Es decir, aun sabiendo que debo generar más ingresos, es algo que de momento no me urge.

La primera debilidad y quizás la más importante es la confianza en ti mismo. Tu autoestima. Ahora, sin entrar en detalles, te pregunto: ¿Cuál es tu índice de satisfacción actual? Ponte una nota sin pensarlo mucho.

Si tu nota está entre el uno y el cinco, estás confirmando que tu nivel de autoestima es bajo y además te produce insatisfacción. Si está entre un seis y un ocho, significa que tienes margen de mejora, aunque ello no te impide seguir avanzando en tu día a día. Si tu nota está entre el ocho y el diez significa que ahora mismo tu nivel de autoestima te satisface y te permite trabajar día a día con convencimiento.

Pero atención, es muy importante que sepas, y de ello hablaremos en otro suspiro, que un nivel de autoestima de diez sobre diez es algo que puede ser perjudicial para ti. No te avanzo más, pero ¿qué le ocurre a una flor con exceso de agua?

Sigue valorando otras debilidades más que podemos tener los artistas y que te enumero a continuación. Anótalas en un papel si te es necesario para ser consciente de todas ellas.

Gestión eficaz del tiempo, falta de planificación, dependencia en exceso de terceros, procrastinación, poca adaptabilidad a los cambios, necesidad de mejora de tus

23

capacidades artísticas, falta de habilidades comunicativas, déficit en asertividad, falta de herramientas de *marketing* o desconocimiento de cómo hacer un plan financiero de un proyecto.

Añade alguna debilidad que no haya nombrado y que creas que también te está influyendo en tu proyección artística. Ponte nota a cada una de ellas valorando el nivel de satisfacción, es decir, cuánto te preocupa del uno al diez.

Bien, con todas esas notas que te has puesto haz un orden de menos a más. Esta lista te está marcando la urgencia que requiere cada ítem para ponerse a trabajar en ello. Al haberlo planteado como nivel de satisfacción, nos da un resultado que mide su urgencia. Porque una insatisfacción muy marcada nos incapacita para trabajar de una manera libre y con buenas dosis de confianza.

DAFO

Esta palabra, DAFO, suena bastante fea. De hecho, es un acrónimo, es decir, se forma con la inicial de diferentes palabras. La D de debilidades, la A de amenazas, la F de fortalezas y la O de oportunidades. Fue Albert Humphrey, consultor administrativo, quien en la década de 1960 creó este término después de analizar con detalle los parámetros que influían en el éxito o el fracaso de las entidades corporativas. Sí, un término pensado para el buen funcionar de las empresas.

Como imagino que supones, tú, artista, eres un emprendedor. Eres una empresa en la que a la vez eres alma y producto. Esta última afirmación es la razón por la que un artista puede llegar a sufrir mucho en su trayectoria, debido a que continuamente está desnudándose emocionalmente y a su vez es quien gestiona su propio negocio.

Si lo comparamos con otro tipo de empresario, sirva de ejemplo un fabricante de lavadoras, cuando se lanza al mercado un nuevo modelo no se está vendiendo

24

la intimidad de su creador. Si la lavadora funciona, se venderán muchas o de lo contrario será un fracaso y el producto necesitará ser mejorado. Pero estoy seguro de que la lavadora no sufrirá ansiedad. Y su creador ya hace días que está pensando en un nuevo modelo de tostadora.

Eso sí, si estamos hablando de un artista que lanza su nuevo trabajo discográfico, este no puede desligar el artista del producto. Él es el producto. Tú eres tu producto. Y si tu canción no gusta, el libro recibe malas críticas o los cuadros no se venden, eres tú, artista, quien lo va a sufrir en sus propias carnes. Y es entonces cuando, otra vez, vas a dudar de ti.

El análisis de tu DAFO es el que te permite tener controlados los parámetros que te garanticen un caminar equilibrado, consciente y siempre con la determinación de seguir mejorando. La D de las debilidades a las que has puesto nombre, la A de las amenazas que están ahí mirándote, la F de tus fortalezas y de tus ¡flores frescas! y la O de las oportunidades que van a aparecer y que tienes que detectar antes de que se esfumen.

El control de tu DAFO va a depender de ti, de lo que piensas y de lo que crees. Seguimos suspirando.

Tu talón de Aquiles

Seguramente habrás oído muchas veces esta expresión para referirse a la debilidad más acusada de una persona. "Su talón de Aquiles". Detrás de esta célebre sentencia se esconde una preciosa historia de la mitología griega. El mito de Aquiles, el más grande de todos los héroes griegos.

Cuenta una de las versiones de este apasionante relato que Tetis, su madre y ninfa del mar, sufrió un arrebato de Zeus, rey de los dioses, que, al no ser correspondido con su amor, la condenó a tener un hijo con un mortal. De esta manera Zeus se aseguró de que el niño engendrado pudiera morir como lo hacen los mortales y no alcanza-

25

se la vida eterna. Fue tanto el miedo que eso generó en Tetis que quiso purificar a Aquiles para evitarle la muerte predestinada.

Uno de los rituales que según la leyenda Tetis eligió para purificar a su hijo fue someterlo a un fuego muy lento para ir quemando su mortalidad. Pero otra versión, justamente la que se refiere al famoso talón, es que Tetis sumergió a Aquiles en las aguas del río Estigia. Este nombre significa 'estremecimiento y repugnancia a la muerte'. Sus aguas otorgaban el poder de la plena purificación y, así, el de liberar a Aquiles de su mortalidad.

Cuando Tetis sumergió a Aquiles en el agua fue el talón la única parte que quedó sin mojarse al ser el punto por donde lo sostenía. Y es por este motivo por el que su talón siguió siendo una parte mortal que le hacía vulnerable.

Para Aquiles su talón era su debilidad. Para nosotros una debilidad es nuestro talón de Aquiles.

Te suspiro

¿Cómo es tu ramo de flores? Anota tres fortalezas que conozcas de ti. Son tres de las flores frescas que te regalaron al nacer. Escribe ¿cómo te han ayudado positivamente en el caminar de tu vida? ¿Qué acciones puedes llevar a cabo para mantenerlas activas?

Anota ahora tres debilidades. Son tres flores que están marchitas y necesitan agua. Escribe ¿cómo te afectan en tu día a día de artista?

Escúchame

Y para terminar el capítulo, te propongo una canción de las que he creado especialmente para este libro y que están a la vez publicadas en las plataformas digitales en el álbum *6 suspiros*.

26

Este primer tema se titula "Habla contigo". Puedes escucharlo con los ojos cerrados o mientras lees las frases siguientes que me gustaría que recordaras.

Y te añado un pequeño enigma. Retén estas tres cifras: 432. Más adelante te desvelaré qué esconden estos números.

Para escuchar la canción lee este código QR con tu teléfono.

NO LO OLVIDES

Las fortalezas son las flores frescas que te regalaron al nacer.

Da gracias a aquellos que te regalaron esas flores y asegúrate de que nunca les falte agua.

Cada flor es una fortaleza de perfume envidiable con varias espinas para defenderla de los ataques de la vida.

Analiza en qué eres buena y qué es lo que te diferencia de los que son tan buenos como tú.

Hay atletas veloces que corren cien metros en menos de diez segundos y también hay bailarines que en solo dos metros te provocan lágrimas de emoción.

Fomenta el autoconocimiento reflexionando sobre tus fortalezas y debilidades como artista.

SEGUNDO SUSPIRO. PROYÉCTATE
Tú eres tu proyecto

Un hombre que no se alimenta de sus sueños envejece pronto.

WILLIAM SHAKESPEARE

Los tres pilares

Como sabes, una mesa necesita de al menos tres patas para aguantarse, aunque alguna de ellas cojee. En mi opinión, un artista necesita también tres patas para sustentar su mesa artística. Y si creemos que un artista une su faceta creativa con su faceta vital por aquello de que vive con un pensamiento divergente en todo lo que hace y durante todos los minutos de un día, entonces hablar de vida personal y vida artística se mezcla en una única cosa. Es una manera de vivir.

Con el peso acusado de nuestra mesa, en donde además muchas veces reposa la famosa losa de mármol que nos regalaron de jovencitos, vamos a necesitar algo más que unas patas. Lo imprescindible van a ser tres robustas columnas. Tres pilares que nos aseguren firmeza, equilibrio, seguridad y que nos permitan seguir creyendo en nuestro difícil e inevitable camino artístico. Los tres pilares son el personal, el artístico y el de proyecto.

El pilar personal

El pilar personal se basa en un continuo desarrollo del autoconocimiento, del crecimiento personal, de la mejora de nuestras capacidades y del hecho de llevar a un buen nivel las habilidades sociales. Además, deberemos ser conscientes de nuestros principios y valores asegurándonos que estén bien alineados con los otros dos pilares.

Hay que señalar que un alto porcentaje de artistas es a la vez PAS. Una persona altamente sensible requiere de unas dosis añadidas de gestión de esos tres pilares. La fina capa nerviosa de nuestro cuerpo se vuelve como una antena de alta recepción de todo aquello que toca de lleno nuestro sistema límbico. El grado de afectación de todo lo que nos ocurre es muy acusado. Va a ser imprescindible una buena gestión emocional para mantener firmes los tres pilares de nuestra mesa.

Emocionarse fácilmente, sufrir por empatía y a la vez disfrutar de las pequeñas cosas nos hace tener siempre, como decía aquella vieja canción de Peret, una lágrima a punto de caer en la arena:

> *Me pediste un beso,*
> *tú me pediste un beso*
> *en la orilla del mar.*
> *Como no te lo daba,*
> *y como no te lo daba*
> *te pusiste a llorar.*

No recibir el beso que deseo para sentirme valorado, se traduce a veces en una sensación de culpa por alguna cosa que no habré hecho bien. Pensamientos como que "a lo mejor he dicho algo que no tocaba", "tengo que mejorar mucho el trato con los demás" o "siempre me pasa lo mismo", nos hacen pequeñitos y ponen en duda, otra vez, nuestra autoestima.

Ya de una manera más genérica, el pilar personal es una pata de la mesa común a cualquier persona que habite en este mundo, independientemente de su origen, raza, cultura o clase social. Cuidar el pilar personal provoca una clara mejora en nosotros y también en todo lo que ocurre a nuestro alrededor. Ser una persona íntegra, llena de bondad y generosidad, se esparce como una mancha de aceite que lubrica a las personas cercanas consiguiendo un clima relacional ideal para que pasen cosas bonitas.

Podrás ser un buen artista con proyectos geniales, pero si no estás bien en el pilar personal, es probable que en algún momento no estés bien contigo mismo. Además, será preferible que tu público evite conocerte en persona o como mucho se quede con un ejemplar de tu obra dedicada a mano por ti. Y nada más.

Cuando creces como artista recibes aplausos, felicitaciones y muestras de apoyo que hacen que tu persona y tu artista se empiecen a fundir en una sola cosa ya en edades tempranas. La gente que te mira por la calle está viendo al pianista y pocas veces a la persona, sobre todo si les suenas de haberte visto en la prensa o en la televisión. Y tú, ante esas miradas respondes con una sonrisa idéntica a la que haces mientras saludas al público al final de un concierto. Y estás en la calle. Ya ves.

Esa mezcla maravillosa de tus dos personajes es la prueba de que un artista lo es por su manera de pensar, sentir, expresarse y crear. Te levantas por la mañana y solo mirar por la ventana ya es motivo de inspiración para crear alguna cosa nueva.

Pero atención, tu personaje artista tiende de manera natural a separarse de tu personita. Tiene su lógica. Tu artista lleva consigo una dosis de glamur añadido que incluso hace que huelas a un buen perfume cuando en realidad no llevas ninguno. Tu artista está gobernado por un ego que va a tratar de salir en defensa propia cuando se sienta atacado por una mala crítica o comparado a la baja con otros artistas. Intentará siempre mantener esa posición privilegiada en el *ranking* de los *top* diez.

Todo ello dificultará la labor de tu persona para ser justo, generoso, humilde y honesto con los demás. De

31

ahí la importancia del trabajo continuo en el pilar personal. Debes plantearte ser mejor cada día, especialmente cuando no estés tocando el piano, presentando un nuevo libro, inaugurando una exposición o mirando tu foto en la genial crítica que te escriben en un diario.

Recuerdo que una de las dinámicas de gestión emocional que realicé cuando me formé como *coach* se basaba en decirnos al oído cosas bonitas sobre nuestra persona. Mientras yo estaba sentado en una silla, cada uno del grupo pasaba por mi lado y por unos segundos me decía muy flojo al oído cómo me veía como persona y qué era lo que le gustaba de mí. Tuve una sensación extrañísima.

Todas esas palabras que oía se referían a mi persona. Ninguno de ellos me habló de mi música ni de lo bien que hacía sonar el piano. A sus ojos, yo no era el artista. Era la persona. Mi persona no estaba acostumbrada a recibir esos mensajes de gratitud tan bonitos. Sentí de verdad lo que representaba ser valorado por lo que era y no por lo que hacía.

Este trabajo en mi pilar personal me ayuda todos los días a atarme al suelo cuando me felicitan al finalizar una conferencia o al escuchar una nueva música. Momento en que mi ego aprovecha la oportunidad para llenar mis pulmones de helio y así empezar a levitar unos metros sintiéndome el mejor músico del mundo. No es del todo bueno eso, Antoni. No vayas por ahí. En su lugar mira hacia arriba y da gracias.

Por tanto, el pilar personal es clave para crecer de una manera sana y estar en las mejores condiciones para rendir en el pilar artístico.

El pilar artístico

Es curioso, cuando uno es artista tiene tendencia a no decirlo en primera persona. Si a un arquitecto le preguntan qué es, responde sin problema: "soy arquitecto". Igual que una abogada, una maestra o un conserje nos dirán su oficio. Pero si a ti, artista, te preguntan qué eres, parece que suene ostentoso decir "yo soy artista". Pero a ver, ¿no te dedicas al arte?

Diciendo que eres artista no estás diciendo que seas un buen artista, el gran artista, el mejor artista de tu ciudad o que tienen suerte de conocerte. No, no lo dices así, pero hay veces que sientes algo parecido. Definirse como artista es algo que suena mejor cuando son los demás los que lo dicen de ti. Este detalle es un claro síntoma de que continuamente dudas de ti. No te crees.

Todo ello se debe a que la palabra *artista* te hace entrar en un baremo totalmente cualitativo y a la vez altamente subjetivo. Nadie discute que alguien sea graduado en artes visuales, en piano o en filología hispánica. Porque existe un título que lo acredita. Pero ya es más difícil valorar lo grande que es un artista. ¿Quién decide eso? De hecho, un buen debate de sobremesa es lanzar el nombre de un artista y que los participantes en la mesa opinen de él. Para algunos es un artista imprescindible, para otros un artista que no les comunica nada o para otros alguien que el tiempo pondrá en su lugar. Es decir, la valoración que hacen de ti como artista es tan diversa como a veces poco alentadora. No les vas a gustar a todos de la misma manera.

Esta es una de las razones principales por las que un artista es tan vulnerable como un globo en una habitación llena de agujas. Y sí, es verdad que te van a llegar buenas críticas de tu arte. La gente suele ser más directa cuando tiene la intención de valorarte positivamente.

En cambio, van a llegarte muy poquitas de las malas críticas que rondan por ahí sobre lo que haces. Es lógico, las personas tenemos cierto cuidado en no decirle directamente al artista lo mal que canta o qué insulso es su nuevo libro. En el fondo, como artista, agradeces que te lleguen muy filtrados los aspectos que no gustan de ti o de tu arte. Ya tenemos suficientes dudas con lo que nos dice nuestra loca cabecita impostora.

33

Para todo ello, considero vital podernos labrar un pilar artístico que sea irrefutable. Que cuando hablen de ti puedan opinar libremente sobre si les gustas o no, pero que no pongan en duda tu valor, tu trayectoria, tu estrategia, tu resiliencia y tu peso específico en el ámbito de tu disciplina.

Para conseguirlo, o mejor dicho para perseguirlo, será necesario que tu pilar artístico incluya una constante formación. Nunca dejamos de aprender.

Hace muchos años un joven estudiante de la universidad me dijo en una de mis clases, dedicada a los acordes musicales, que él prefería no saber demasiados acordes y que con tres o cuatro ya tenía suficiente para componer. Yo le pregunté que por qué pensaba de esa manera y me respondió que si sabía demasiada armonía, sus canciones ya no serían tan auténticas.

En una cosa le di la razón. Las canciones más geniales de la historia de la música suelen ser canciones sencillas y con muy pocos acordes. Si tú como creador eres capaz de componer una canción con tres acordes y emocionarme en los primeros compases, tendrás razón. Pero si te pido otra más y suena como la primera, no solo no me emocionarás, sino que es probable que tu trayectoria como compositor esté llegando a su fin. ¡Con dos canciones en el mercado!

Por lo demás, créeme, cuantas más palabras tengas en tu diccionario mejor y también más sencillo podrá ser tu poema. Cuantos más movimientos de danza hayas practicado mejor atraparás a tus espectadores después de los cinco primeros segundos de tu coreografía. Cuantos más colores tengas en tu paleta mejor será el sol en el atardecer de tu lienzo.

Fórmate, aprende, estudia, indaga, investiga y que la curiosidad y las ganas de saber más te hagan ser mejor técnicamente y a la vez más sabio para elegir en cada momento la palabra exacta, el acorde preciso o el movimiento mágico.

En una palabra: *shoshinsha*, que en japonés significa 'eterno aprendiz', que debes recordarte a cada momento y durante toda la vida.

El pilar de proyecto

Si estás leyendo este libro, es seguramente porque tienes o has tenido entre manos algún proyecto artístico. Con o sin experiencia, un proyecto debe, o debería, ser motivo de felicidad y orgullo el día que lo presentemos.

¿A qué llamamos proyecto? Si nos fijamos en su origen etimológico, esta palabra se deriva del latín *pro-iacere*. El prefijo *pro-* significa 'hacia adelante' y el verbo *iacere* 'lanzar', 'tirar'. Por tanto, un proyecto es algo que te lanza hacia adelante. ¡Te proyecta!

Pero no basta con tener una idea genial en la cabeza y verte ahí triunfando con tu proyecto, espectáculo, libro o álbum discográfico. Si no lo planificas bien, es muy probable que no funcione o lo haga lejos de sus posibilidades reales. Y eso, como seguramente intuyes, te llevará fácilmente a fracasar y a creer que no eres capaz de darle al mundo el talento que llevas dentro. Y venga, a dudar.

Lo que debes tener muy claro es que sin proyecto no hay carrera artística. Mejor dicho, sin proyectos, en plural. Analizando los numerosos proyectos de un artista consolidado, se puede observar claramente su evolución y madurez. Qué tan diferentes fueron las primeras obras de Mozart, ingeniosas, ingenuas (y siempre geniales) comparadas con las de su etapa final, profundas, dramáticas y trascedentes. ¿Y qué opinas de los primeros trabajos de Madonna, en mi opinión, insuperables y muy adolescentes si los comparo con los de su etapa de madurez? ¿Y los discos de los Beatles, la obra de Picasso o los poemas de Lorca?

Permíteme, desde la humildad y salvando las distancias, ponerme como ejemplo. Mis primeros CD estaban llenos de notas, cada obra era una oportunidad para demostrar mi talento. Dedos a toda velocidad, progresiones y modulaciones armónicas de alto calibre. No me quito mérito, fueron muchos los años dedicados a la formación musical y eso dio sus frutos.

Pero entonces, ¿por qué en mis últimos trabajos hay menos notas? ¿Ya no necesito lucirme? ¿Por qué he sustituido los pasajes virtuosos por progresiones armónicas sin melodía? Pues porque ya no soy ese joven. Soy su versión más avanzada, la del menos es más, la de andar más despacio por la calle, la de pasear, la de saborear un buen filete ¡sin salsa!, la del "vísteme despacio que tengo prisa" como dijo Napoleón, la que responde "ya mañana te digo", la que cree que el tiempo va más despacio si haces menos cosas. ¿Qué te parece si a eso le llamamos vivir?

En tu vida artística desarrollarás muchos proyectos. De algunos te sentirás siempre orgullosa, de otros creerás que no hubiera hecho falta presentarlos. Pero nunca olvides que cada uno de ellos refleja quién eras y cómo te sentías en ese momento de tu vida. Y cada uno de ellos, sin excepción, lo necesitaste para seguir, aprender y cada día proyectarte un poquito más.

Es por este motivo por el que a todos los artistas que acompaño como mentor les pido que durante el proceso de crecimiento personal tengan un proyecto entre sus manos. Puede ser alguna idea pequeña, en los inicios de una carrera artística, o ser ya un señor proyecto de un artista consolidado que sigue ahí batallando en el difícil mundillo artístico.

Es recomendable que el proyecto que tengas en tus manos tenga la medida adecuada a tu momento actual. Y que a la vez sea retador. Que represente un peldaño generoso en la escalera de tu trayectoria artística. Que te ayude a crecer y que cuando lo hayas presentado estés más arriba de lo que estabas antes.

Para ello debe ser significativo, relevante, ambicioso y sobre todo real. A menudo, un nuevo proyecto es un

36

deseo, una visión, una necesidad física de crear alguna cosa nueva. Es ideal que puedas visionar en tu mente tu proyecto ya realizado. Como si esta misma tarde lo presentaras en público.

Es algo parecido a cuando reservas un viaje para tus próximas vacaciones a un destino en donde nunca has estado pero que ya imaginas. Deseas pisar esas calles, comer en esos restaurantes, hacerte fotos con el mar detrás, escribir tu nombre en la arena antes de que el agua lo borre mientras moja tus pies. ¡Guau! Ahí está tu nuevo disco, tu nuevo espectáculo, tu nueva página web, tu primer libro como autora, tu exposición de acuarelas... ¡TU PROYECTO!

Todo parte de tener claro cuál es nuestro objetivo. Es decir, para qué quiero llevar a cabo mi proyecto. Cómo imagino que seré después de conseguirlo. Qué pasaría en mi vida artística si no llevara a cabo este proyecto. Y qué pasaría en mi vida, como personita, si no existiera esa obra.

Ahora bien, es importante saber que el mundo seguirá rodando, aunque tú no lo realices. No pasará nada extraordinario. Solamente las personas más allegadas te preguntarán aquello de "¿no tienes nada nuevo entre manos?". Y si resulta que ya tienes una gran comunidad de seguidores puede que te dejen algún mensaje con el deseo de saber de ti. Pero si pasa mucho tiempo, pondrán su atención en otro artista.

Con ello quiero decir que lo más importante de un proyecto artístico es que cubra tu espacio interior. Que tú le encuentres sentido. Que sea motivo de crecimiento. Que pases a ser mejor artista y sobre todo mejor persona.

Recuerdo que cuando ya había publicado mis dos primeros trabajos discográficos, en el año 2001, estaba planificando mi tercer CD, *Blanc*. Hablando con amigos cercanos uno de ellos me dijo: "¿Ya estás pensando en el tercero?". Yo le dije: "Sí, claro, ya tengo nuevas obras para piano" y él me respondió: "Pero ¿quién te obliga?". Reconozco que me quedé bastante frustrado.

A un artista no le obliga nadie a crear nuevas obras. Es una necesidad física, una bonita sensación de dar a luz una nueva creación. Y también, por qué no, para recibir un reconocimiento, para que te aplaudan y sigas acumulando puntos invisibles que podrás cambiar por un bonito carné, también invisible, de artista consolidado.

Desaliento

Quiero aportar también una visión diferente a lo que perseguimos cuando pensamos en un proyecto artístico. Hasta ahora estaba enfocando la realización artística en una persona que es, se siente y trabaja como artista para poder hacer de ello un oficio que le aporte, además de reconocimiento, unos ingresos económicos que le permitan vivir de su arte. Y es justo este último motivo, el económico, una de las principales causas de desaliento en la vida de un artista.

Si bien existe el oficio de artista, ya no está tan claro donde tengo que apuntarme para que me paguen un salario como artista. Si pinto muy bien y tengo un público entusiasmado con mi arte, ¿por qué no puedo tener un sueldo mensual para vivir de ello y no depender de si me compran mis cuadros?

Es cuando un artista no genera suficientes ingresos económicos con su arte cuando debe compaginar su labor creativa con otros quehaceres más o menos relacionados con su arte y que le reporten ese sueldo necesario para vivir con dignidad.

El filósofo y economista Karl Marx escribió la famosa frase de "el trabajo dignifica", aunque en mi humilde opinión debería ser más precisa y decir "el salario justo de un trabajo dignifica" ya que hay trabajos y sobre todo salarios que son muy poco dignos.

Pero claro, si partimos de que ser artista es algo vocacional y que en la mayoría de los casos ya lo intuyes a temprana edad y raras veces te imaginas haciendo una cosa diferente a aquello para lo que has sido llamado, deberás pretender siempre que tus proyectos artísticos se traduzcan, además de en aplausos, en ingresos económicos.

Y no, no es cierto que un artista deba pasar penurias, ser un bohemio o llevar mala vida para poder crear obras magistrales. No es verdad. Lo que sucede es que como no existe un sueldo fijo de artista se hace muy difícil vivir el día a día, pagar los recibos o mantener una familia. Y claro, sin una buena gestión, se nos puede desmontar nuestro chiringuito vital.

Debe ser por todo esto que he explicado por lo que existe la fabulosa idea del artista a tiempo parcial. Dicho de otra manera, mi yo artista solo trabaja a ratitos, fines de semana o en vacaciones. Y la finalidad no es económica, aunque bien vaya algún dinerillo extra.

Este último enfoque, el del artista por afición, es una muy buena opción para poder dar salida a esa necesidad artística que nos hierve por dentro y a la vez no depender económicamente de ello, por lo que nos garantiza un buen equilibrio, ya que nuestro éxito no depende de nuestros ingresos en el arte.

Vivir con arte

Y aún tenemos un tercer enfoque. Me viene a la mente una frase que mi querido Alejandro Ambrad, autor del prólogo de mi libro *Tu mejor escenario*, escribió refiriéndose a mí en donde decía: "Antoni no vive del arte, sino con arte". Tengo que reconocer que esa frase me hizo consciente de cómo había enfocado mi vida artística desde que tenía quince años.

Vivir del arte significa obtener réditos económicos a través de la ejecución de proyectos artísticos. Vender copias de CD, obtener ingresos por *streaming* de las canciones, hacer conciertos (cobrando), etc. Es decir, basas tu economía en lo que produces artísticamente. Pero ¿qué ocurre si no haces producciones? Pues que no ingresas nada. Un ejemplo claro fue la pandemia de 2020. Las agendas artísticas se quedaron en blanco. Un desastre. Vivir del arte, una peligrosa opción. Solamente el 5% de los artistas viven exclusivamente de su arte.

Pues bien, este tercer enfoque es "vivir con arte". Lo resumiría diciendo que se trata de obtener diferentes tipos de ingresos todos ellos relacionados con tu vocación artística y que sumados te permitan vivir de ello. En este caso, un proyecto artístico en el que vas a invertir y te va a revertir unos ingresos, es un elemento más de tu plan económico.

Por ejemplo, si soy músico de escenario también soy profesor de música, dirijo un coro, llevo una tienda de instrumentos musicales, toco en la BBC (bodas, bautizos y comuniones), etc. Si soy pintor de caballete, también doy clases en un centro, soy diseñador gráfico, dibujo logos para empresas, etc. Si soy escritor también imparto talleres de escritura, trabajo en una editorial, etc.

Todo ello no es solo vivir del arte, es vivir con arte. Y si en el futuro conseguimos estar en ese 5% que viven exclusivamente de sus proyectos artísticos pues ¡felicidades!, aunque debemos recordar que nada es para siempre y que vivir únicamente de los proyectos suele conllevar episodios de ansiedad, de falta de inspiración o nuevas ideas, o ver cómo suben unas generaciones tremendas que nos eclipsan por ley de vida. Y eso no es fácil de llevar.

Y, por último, sí, existe también la opción de tener un trabajo estable no relacionado para nada con tus proyectos artísticos y que te aporte seguridad económica. En este caso tu arte va a ser una manera de evadirte cuando acabas tu jornada laboral y le das un regalo placentero a tu mente para que no piense en los informes de la oficina, en el trato con clientes y conseguir que tu jefe pase a ser como un personaje de tu serie favorita y que no existe en tu vida real.

Ahora bien, va a ser necesario que esas dos facetas, tu yo laboral y tu yo artístico, mantengan un buen equilibrio. No es bueno que estés en tu trabajo de ocho horas sintiendo ansiedad, pensando en que aquello no es vivir de manera sana y estar deseando acabar tu jornada para liberarte con tu arte como una medicina. Si eso ocurre, quizás deberías buscar más opciones para poder vivir con arte.

Se suele definir esto como salir de tu zona de confort, aunque me oirás decir en muchas ocasiones que eso no es del todo cierto. De la zona de confort no deberíamos salir nunca, pues *confort* significa estar bien y además esa zona es muchas veces un logro por el que hemos luchado durante años. En realidad, de donde debo salir es de la zona de "desconfort", lugar en donde no me encuentro bien, me genera ansiedad y no es la vida que yo deseo. En ese caso, evidentemente, hay que salir cuanto antes. No te digas aquello de "hemos venido a sufrir", "es el tributo que debo pagar para que en otros ámbitos me vaya bien" o "hay personas que están peor que yo". No, tú no debes nada a nadie, en todo caso, te lo debes a ti.

La creación

Centrándonos un poquito más en lo que debe ser un proyecto artístico, debemos tener claro que cualquier proyecto parte de una primera idea. Es ese día que en tu mente aparece una imagen de algo que quieres crear. Lo ves, de ahí que sea una visión. Y quién sabe si primero esa idea te aparece en un sueño a medianoche. Ya lo escribió el cineasta George Lucas: "Los sueños son sumamente importantes. Nada se hace sin que antes se imagine".

La herramienta que ha utilizado tu mente para que aparezca aquella idea es la creatividad. Existen muchas definiciones sobre creatividad. Leamos algunas de ellas.

Rollo May, psicólogo y psicoterapeuta estadounidense, define la creatividad como "un encuentro, como la expresión del hombre para reafirmarse a sí mismo gracias a una mentalidad sana, abierta y comunicativa. Cada acto creativo es un encuentro con la realidad auténtica".

Harry Murray, fundador de la clínica psicoanalítica de Harvard, la define como "el proceso de realización cuyos resultados son desconocidos, siendo esta realización a la vez valiosa y nueva".

Para el norteamericano Paul Torrance, la creatividad es "el proceso de ser sensible a los problemas, a las deficiencias, a las lagunas del conocimiento, a los elementos pasados por alto, a las faltas de armonía... hacer suposiciones, examinar y comprobar hipótesis y finalmente comunicar los resultados".

Y mi aportación en este punto, fruto de haber leído sobre la creatividad y haber experimentado como creador durante largos años, es que "la creatividad es retornar al presente las vivencias percibidas en el pasado convertidas en un nuevo futuro".

No quiero dejar escapar un detalle, no menor, que suele aparecer en interesantes debates sobre creatividad. ¿Se puede crear desde cero? Es decir, ¿crear de la nada?

Si vuelves a leer mi definición sobre creatividad, observarás cómo hablo de lo percibido en el pasado. Ahí está una clara pista de que, en mi opinión, no podemos crear si no tenemos materia prima para hacerlo. No puedes crear un nuevo poema si no conoces las palabras y su significado. No puedes crear una nueva canción si no cuentas con los sonidos que ya conoces. No puedes crear una escultura sin un bloque de mármol y una visión en tu mente de la figura que ya existe en potencia en su interior.

Y añado que, como algunas veces me argumentan, si yo realizo una improvisación en mi piano a tiempo real, eso no es más que poner al servicio del tiempo y del momento todo lo que yo como creador musical he absorbido con anterioridad. Si no sabes tocar el piano, no puedes improvisar al piano. Si no sabes hablar en japonés, no puedes escribir un cuento en japonés.

Y además de todo ello, necesitamos que un instante creativo sea también un momento inspirado. La inspiración es un estado físico que experimentamos cuando nuestro cerebro vive un momento de paz y felicidad. Por esta razón, cuando tenemos una idea y decimos aquello de "¡voilà, lo tengo!" lanzamos a su vez una sonrisa. Nos sentimos bien.

Por tanto, la creatividad no puede aparecer en su mayor plenitud si mi mente no está en paz. De ser así, es cuando aparecen los bloqueos creativos de los que te hablo en el siguiente punto.

Los bloqueos creativos

El investigador estadounidense Alvin L. Simberg define tres tipos de bloqueos que nos impiden crear de un modo libre e inspirado. Son el emocional, el perceptual y el cultural. Actúan como puertas cerradas a nuestra creatividad. Por tanto, deberemos buscar sus llaves.

El bloqueo emocional tiene sus causas en el miedo a sentirnos juzgados negativamente, a vernos haciendo el ridículo o a que nuestra obra sea menospreciada. Toca de lleno el equilibrio de nuestra autoestima y nos acecha de cerca el síndrome del impostor, que, como sabes, es la tendencia natural de nuestra mente a hacernos sentir inferiores y a creer que los demás van a descubrir que en realidad no somos tan buenos.

También puede ser motivo de bloqueo emocional estar sufriendo por algo que nos ha ocurrido recientemente como puede ser haber perdido a alguien cercano, no superar un examen importante o cualquier acontecimiento que secuestre nuestras defensas emocionales y desestabilice nuestro sistema de autocontrol.

Por tanto, el bloqueo emocional merma nuestra capacidad creativa, ya que en la intención de crear algo nuevo subyace la idea de creer en nosotros mismos como los flamantes descubridores de algo que los demás van a tener la suerte de disfrutar. Y si estoy bloqueado emocionalmente, eso no va a ser posible.

El segundo bloqueo del que nos habla Simberg es el perceptual o cognitivo. Si existe una realidad, afirmación que nos daría para otro libro, es aún más cierto que existen infinitas maneras de percibirla. Aquello que tenemos delante de nosotros simplemente está ahí, eso no se define por sí mismo, somos nosotros los que le damos un nombre y un significado. De igual manera lo que pasa a nuestro alrededor simplemente ocurre. Sin más. De nosotros y sobre todo de nuestra percepción va a depender dar el sentido a lo que ocurre y en consecuencia de qué manera nos va a afectar.

En términos creativos, y como he descrito en las diversas definiciones sobre creatividad, va a ser de inexorable necesidad tener nuestras antenas perceptivas en plena forma. Nuestra mente está preparada para estar alerta. De ahí los miedos que nos acechan y que también nos previenen y aseguran nuestra supervivencia.

¿Pero qué ocurre cuando tengo una visión sesgada de la realidad? Pues que todo lo que percibo está lleno de interferencias. De bloqueos. Es como cuando te pones unas gafas con una vieja graduación o como cuando estás haciendo una videollamada y la imagen y el sonido se van congelando por momentos.

Esto es lo que sucede en nuestro cerebro cuando está bloqueado perceptualmente. Los motivos pueden ser muy diversos. Un estrés mal gestionado, agotamiento psíquico y físico o haber finalizado un proyecto que nos ha absorbido tanto que no somos capaces de volver a una cierta normalidad. También pueden actuar como motivos de bloqueo perceptual, al igual que en el bloqueo emocional, haber sufrido una desgracia en nuestro círculo íntimo, tener

44

episodios de ansiedad o tendencia a estados de tristeza que nos encaminan hacia una depresión. Todo ello nos bloquea y nos impide crear con libertad.

Es muy importante que sepas, si es que te identificas con lo que acabo de escribir, que en la vida todo son ciclos y vamos a ir pasando de ciclo en ciclo en muchas ocasiones. Por tanto, aun estando en un ciclo de bloqueo cognitivo, debemos saber que poco a poco vamos a mutar a un nuevo ciclo y todo lo aprendido nos servirá para tener una mochila repleta de experiencias de vida. Eso sí, para ello es necesario tramar un plan de acción de mejora y muy recomendable ponerse en manos de un especialista que nos ayude a cambiar.

Y el tercer bloqueo que nos impide ser creativos es el cultural. Entendemos por cultura el conjunto de valores, creencias y comportamientos de un grupo o entidad social en el que hemos crecido como individuos. Las normas, las leyes, la ética o la moral que definimos como propia no son más que el resultado de la fina lluvia cultural que ha ido calando desde los primeros meses de nuestra vida.

La familia que nos ha tocado ya estaba inmersa en esa cultura social que se nos transmite desde el primer biberón. Son las costumbres, las tradiciones y todo aquello que, de una manera natural, y por el solo hecho de vivir, va formando nuestra propia entidad cultural. Absorbemos la manera de pensar de los otros y acabamos convencidos de que ese pensamiento es propio y libre. Y no es así del todo.

Si, como he comentado, la creatividad es traer al presente algo nuevo originado en el pasado, lógicamente en ese pasado está la riqueza de nuestra cultura. Pero también están las creencias sociales que actúan de limitadores de creatividad. Es cuando te dicen frases como "es que aquí siempre lo hemos hecho de esta manera" o "no te salgas del camino que te hemos marcado". U otras que duelen más como "a tu abuelo no le gustaría ver lo que haces" o "deberías seguir la tradición de la familia".

Encontramos buenos ejemplos de mensajes limitantes que se transmiten de generación en generación en el refranero popular. Sentencias como "mis hijos criados, mis duelos doblados", "al cuñado acuñarle y al hermano ayudarle" o esta tan poco alentadora: "a padre guardador, hijo gastador".

En definitiva, la cultura es el resultado de cultivar pensamientos que viajan muy lentamente a través del tiempo. Esa lentitud provoca serios conflictos en una mente creativa debido a que para generar nuevas cosas debemos pensar nuevas maneras para obtener nuevos resultados. Y claro, desviarse de la manera tradicional de pensar y hacer no está siempre bien visto a ojos de nuestro entorno social. Sin olvidar también nuestro entorno educativo, en donde innovar en clase no es lo más cómodo para el maestro conservador. El artista siempre tiene algo que decir. Y ese algo deberá ser diferente, sorpresivo, innovador, provocador y retador. Palabras estas últimas poco amigas de la tradición cultural en la que hemos crecido.

Seguramente, y por estas razones que acabo de escribir, el joven artista puede sentirse algo solo al inicio de su carrera, ya que no está siguiendo la senda que le ha marcado su entorno. Todo ello, y ahora pienso en ti, artista, puede bloquear tu capacidad para ser creativo y, además, puede invadirte un sentimiento de culpa por querer transgredir las normas que tan generosamente te han brindado y que vuelvas, de nuevo, a dudar de ti.

Por tanto, si necesitas crear sin bloqueos debes cuidar tu salud emocional y saber gestionar aquello que te ocurre para no sufrir en exceso y que te sirva de aprendizaje. Debes mantener una buena salud perceptual, para que tu cerebro esté en forma y pueda percibir lo que ocurre de la manera más cercana a la realidad. Y, finalmente, agradecer todo el bagaje cultural que te han regalado y convertirlo en el mejor abono para tus nuevos proyectos artísticos con una visión altamente innovadora.

Te suspiro

Piensa por un momento qué bloqueo creativo has tenido últimamente. ¿Es de tipo emocional, perceptual o quizás cultural?

Analiza de qué manera te afecta ese bloqueo a nivel creativo y qué tipo de emoción sientes. ¿Sientes ansiedad, tristeza, desánimo, desmotivación o cualquier otra emoción?

Escúchame

La canción que te propongo para cerrar este segundo suspiro es "Alza el vuelo". Lee este código QR con tu teléfono y escúchala en silencio mientras lees las frases que no debes olvidar.

NO LO OLVIDES

La vida personal y la vida artística se mezclan en una única cosa. Es una manera de vivir.

Un beso no recibido se traduce a veces en un sentimiento de culpa.

Ser una persona íntegra se esparce como una mancha de aceite que lubrica a las personas cercanas consiguiendo que pasen cosas bonitas.

Fórmate, aprende, investiga y que la curiosidad y las ganas de saber te hagan ser mejor y más sabio.

Lo más importante de un proyecto artístico es que cubra tu espacio interior. Que tú le encuentres sentido.

Los bloqueos emocional, perceptual y cultural son puertas cerradas a nuestra creatividad. Debemos buscar las llaves.

La creatividad es retornar al presente las vivencias percibidas en el pasado convertidas en un nuevo futuro.

Cuantos más colores tengas en tu paleta mejor será el sol en el atardecer de tu lienzo.

TERCER SUSPIRO. VALÓRATE
Y enamórate de ti

Por una vez creí en mí misma. Creí que era hermosa y también lo hizo el resto del mundo.

SARAH DESSEN

Autoestima

En este tercer suspiro abordamos la palabra más importante y motivo de esta publicación. La *autoestima*. Créeme si te digo que es la base de todo. Tener una autoestima sana es tener gasolina en tu depósito y saber que con esta energía podrás hacer muchos kilómetros.

Y, como bien has leído, he escrito que es la base de todo y no que es el todo. Para los artistas la autoestima es lo que nos hace perseguir con ánimo nuestros proyectos. Es lo que te ayuda a levantarte y a seguir adelante con ese proyecto que tiempo atrás fue una visión, un deseo y algo que se convertiría en parte de tu producción artística.

Pero no olvidemos que el éxito de un proyecto no se va a dar solamente por el hecho de que yo me quiera mucho y confíe plenamente en mis posibilidades. Es necesario que mi objetivo sea específico, sólido, relevante, retador y realista. De lo contrario no entenderé por qué algo me sale mal aun teniendo una autoestima fuerte y creyendo que soy Superman.

La autoestima me da la confianza de saber que soy capaz de sacar adelante mi proyecto. Es una creencia en toda regla que bien llevada es altamente potenciadora, pero una mala gestión puede convertirla en un saco roto y en una falta de percepción de lo que está pasando delante de mis ojos. Por cierto, Superman no existe en la realidad, nadie es capaz de volar solo con un trapo en la espalda.

El equilibrio de una autoestima sana lo marcan dos pesos de nuestra balanza. La autoimagen y el *autoideal*. Es decir, cómo me veo y cómo me gustaría verme. Entremos en detalle.

Autoimagen

La palabra *auto-* significa 'hacia mí mismo'. Requiere mirar hacia dentro, aunque nuestros ojos estén mirando hacia fuera. Por tanto, entrar en nuestro interior pide un esfuerzo añadido. Si no lo provocas, te quedarás únicamente con la mirada en el espejo de tu baño. Tan solo te enseña tu lado físico, que a primera hora de la mañana puede requerir algún trabajillo en restauración. Con cariño, claro.

Pero si miras hacia tu interior, como ya has leído en el primer suspiro, tendrás la oportunidad de conocerte a fondo y construir la imagen más real de ti que existe en este momento de tu vida. Saber cómo eres, cómo sientes y cómo aprendes te va a dar toda la información para definir tu autoimagen.

Autoideal físico

Volviendo a ese momento matinal, cuando me lavo los ojos para ver más claro, me peino para ordenar armoniosamente mi pelo, me pinto los labios para poner color a mis palabras o me maquillo los mofletes para barnizar esos pequeños cráteres de la vida, lo que estoy haciendo es mejorar mi aspecto físico. Estoy acercando mi autoimagen, recién levantado de la cama, a mi mejor versión física para agradarme y para que pueda también gustar a los demás.

Mi *autoideal* físico Incluye mi cara, mis brazos, mis piernas, mi peso, etc. Es decir, todo mi cuerpo. Para acercarnos a él nos proponemos acciones como hacer deporte, cuidar la piel o ponernos acondicionador en el pelo. Y así, de esta manera conseguir llegar a nuestra mejor versión física que nos aporte seguridad delante de los demás, ya que no olvidemos que nuestro físico es la primera impresión que alguien tiene de nosotros.

Sentirnos bien en este aspecto nos influye incluso en la manera de caminar. Puedes tener la glamurosa sensación de andar por una pasarela de moda o, de lo contrario, ir escondiéndote por calles alternativas el día que tu pelo se ha declarado en huelga y necesitas ponerte un gorro para acallar la protesta.

Definir mi *autoideal* físico es una acción muy difícil y no acertar es el primer motivo de frustración personal. Por nombrar un ejemplo, ¿qué ocurre si mido 155 cm pero mi estatura ideal es 190 cm? ¿Cómo voy a cambiar eso? ¡Es imposible! Ni con vitaminas *superpremium* milagrosas. No, no podrás crecer 35 cm. El error está en la definición de tu ideal. No vas bien.

Podrás tener recursos de mejora. De acuerdo. Unos zapatos con plataforma, pantalones pitillo que te estilizan o jerséis con rayas verticales para parecer más delgado y, en consecuencia, más alto. Con todo ello habrás ganado unos centímetros reales y unos pocos de apariencia. Pero 35 cm no. Seguro.

En definitiva, y sabiendo que podemos hacer mejoras sustanciales, es cierto que tenemos el físico que nos ha tocado de serie y ahí ya tenemos uno de los grandes retos, que empieza en la adolescencia: aceptarnos como somos. Mantener un *autoideal* físico inalcanzable va a cronificar la insatisfacción, ya que llevarás ese complejo como una manera más de pensarte y creer en ti. Y te hará dudar de nuevo.

Autoideal personal

Si ahora hemos hablado de nuestro *autoideal* físico, es decir, cómo estamos de chapa y pintura, vamos a definir ahora cuál es nuestro motor interior. La personalidad es un término complejo. Va sufriendo cambios a lo largo de la vida según esta nos va tratando y según nosotros la vayamos gestionando. Sin olvidar la formación continua en crecimiento personal que todos deberíamos tener en nuestra carpeta de deberes.

Primero, debemos diferenciar entre otras dos palabras que se parecen mucho a *personalidad* y que a menudo utilizamos como sinónimos pero que no son exactamente lo mismo. Estos términos son *temperamento* y *carácter*.

Temperamento

El temperamento es un conjunto de rasgos que hemos heredado de nuestros padres y, por tanto, tiene un alto componente genético. Para hablar de ello me remito al que se considera el padre de la medicina racional. Cinco siglos antes de Cristo, el médico griego Hipócrates clasificó el temperamento en cuatro tipos. Estos son el sanguíneo, el colérico, el flemático, el melancólico.

El sanguíneo es un temperamento que se atribuye a las personas que se muestran alegres, optimistas, que derrochan y contagian energía, lo que les convierte en personas muy sociables. Visto así, podríamos decir que es un temperamento ideal, y sí, es cierto que nos aporta buenas vibraciones y nos convierte en personas proactivas e impulsoras de proyectos. Aunque también es cierto que no siempre tendremos delante personas que sepan seguir esta vitalidad y que acepten de buen grado el protagonismo que acaparan las personas con temperamento sanguíneo.

El temperamento colérico se muestra en niños con mucha energía, fuerza de voluntad, imparables en su camino y que a la vez su exigencia les puede causar frecuentes episodios de irritabilidad. Es parecido al sanguíneo, aunque de más intensidad, lo que puede provocar rechazo en el entorno social.

Un temperamento flemático incide en personas serias, calmadas, tranquilas, a las que les cuesta enfadarse ya que tienen mucho margen de aguante ante situaciones hostiles. Estos rasgos los hacen muy racionales y analíticos. Son personas que generan confianza y fidelidad. Están siempre ahí para aportarte una dosis de paz que puedes necesitar en algún momento. También es verdad que esta calma que emanan puede no interesar en algún momento que se precisa de una persona más vital y enérgica.

Y finalmente, el temperamento melancólico se atribuye a personas con poca energía, física y mental, con dificultades para tomar decisiones. Conlleva en muchas ocasiones sentimientos de culpa, exceso de análisis del pasado y, por tanto, un fácil camino hacia una baja autoestima.

No olvidemos que el temperamento es un rasgo de nuestra personalidad, no es la totalidad de lo que somos. Nos viene instalado de fábrica, por lo que no debemos sentir culpabilidad por ello ni tampoco buscar culpables si es que ese temperamento nos está provocando problemas. De su gestión derivará el convertirlo en una debilidad que trabajar y analizar cómo podemos revertirlo en una fortaleza.

Te suspiro

De estos cuatro tipos de temperamento que te he descrito, piensa por un momento cuál de ellos te define mejor. O quizás qué combinación es la que sientes como tu manera habitual de comportarte.

Carácter

Una vez definido el término de *temperamento*, hablemos ahora de la otra palabra que ayuda a definir nuestra personalidad. El *carácter*.

Si bien el temperamento tiene inicialmente origen genético, cuando hablamos de carácter ya intervienen factores y circunstancias ocurridas en nuestro crecimiento. Por ejemplo, un niño nacido con un temperamento tranquilo puede forjar un carácter tendente a la agresividad debido al entorno social en el que le ha tocado crecer. Existen muchos y muy diferentes factores que van a influir en la concreción de nuestro carácter. Detallemos algunos.

El primero de ellos es el afecto en nuestro entorno familiar, es decir, la cantidad de amor incondicional que recibimos de nuestros padres, familiares y maestras. Teniendo en cuenta que, a edades tempranas, pasamos con ellos la práctica totalidad de las horas del día y que, como niños, somos susceptibles de recibir besos, abrazos y frases bonitas continuamente, vamos a ir llenando nuestra maleta afectiva de buenas señales que ayuden a construir un carácter seguro y con una buena autoestima.

Por el contrario, la baja afectividad, la falta de cariño cercano e incluso vivir episodios de maltrato físico o psíquico, irán forjando un carácter de tipo coraza, de protección instintiva, de poca confianza en los demás, de miedo y de cerrar las puertas y las ventanas de tu ser para protegerte del clima externo.

Si a un temperamento tranquilo le añado un carácter defensivo, nos puede resultar una personalidad introvertida, miedosa y con una autoestima baja.

Otro factor que influye en el carácter es el de la salud física. Ya sea por genética, mala alimentación o poco cuidado físico, podemos convertirnos en una persona sin energía, propensa a enfermar y estar agotada de manera crónica. Todo ello es poco alentador para emprender con ilusión nuevos proyectos. Aun teniendo un temperamento enérgico con una imaginación llena de creatividad, si no tenemos salud, vamos a experimentar a menudo sentimientos de impotencia que al final derivarán en un carácter pesimista y de tirar la toalla.

54

La educación y el aprendizaje que hacemos desde pequeñitos son clave también en la formación de nuestro carácter. Unos profesores duros, sin empatía, sabiendo mucho o sabiendo poco de lo suyo y mostrando una posición de autoridad ante el estudiante, pueden hacernos creer que esa es la manera única de tratar a los demás. Y si la vida te lleva por el camino de la docencia, puede ocurrir que repitas esos rudos patrones recibidos y los apliques, desafortunadamente, en tus pupilos.

En cambio, recibir amor por parte de un profesor, que sabe mucho o sabe poco de lo suyo, pero que te transmite afecto y cercanía te va a ayudar a que incluyas esa bondad en la receta de tu carácter. Y como te he comentado, este también es un factor externo que puedes cambiar. Déjate ilustrar por profesores que te lancen hacia arriba y rechaza aquellos que te miren desde lo alto.

La importante diferencia entre temperamento y carácter es que este último depende de elementos externos y no tanto genéticos. Por tanto, un análisis detallado de cada uno de esos motivos nos puede, o, mejor dicho, nos debe invitar a hacer alguna cosa para revertirlo. Si mi estado físico es débil, puedo iniciar un plan de acción de mejora de mi salud física. Si mi entorno familiar no me ayuda en la construcción de una autoestima sana, debo buscar ayuda especializada para reforzar las columnas afectivas que necesito y si observo que los encargados de formarme profesionalmente no están a la altura de lo que debe ser un buen docente, deberé buscar, que los hay y muchos, profesores que despierten lo mejor de mí y proyecten mi vocación.

Personalidad

Todos estos factores internos, fruto de nuestro temperamento, y externos, debido a nuestro carácter, determinan nuestra personalidad. Sin olvidar que nada es fijo para siempre. La personalidad es algo mutante en el tiempo,

55

ya que durante la vida pasaremos por situaciones de todo tipo, algunas de ellas de alto impacto.

Vivir en entornos hostiles como puede ser un país en guerra puede propiciar reacciones agresivas ante los demás y llevar a protagonizar barbaridades cuando inicialmente el temperamento e incluso el carácter no predispongan a ello. Crecer en un entorno pobre con una necesidad imperiosa de encontrar algo de comida para ti o para los tuyos, te puede llevar a la acción de robar cuando es algo que sabes que no está bien.

Algunas de estas circunstancias, como otras, van a ir definiendo tu personalidad con aciertos, errores y con la necesidad de mantener un sano equilibrio para caminar por la fina cuerda de la vida. Todo ello definirá nuestra personalidad en alguno de sus innumerables tipos. Comentemos algunos de ellos.

El triunfador es esa persona que obtiene logros significativos y a la que además le atribuimos una cierta dosis mediática e incluso épica. El altruista es aquel que no persigue un fin económico en sus actos por lo que se le define como de personalidad generosa. El justiciero es quien retorna de manera implacable alguna acción que no le haya gustado demasiado, normalmente con frialdad y sin reparar en gastos. Y podríamos enumerar muchos otros tipos de personalidad como la del entusiasta, la perfeccionista, el individualista, la activista, etc. Todo ello siempre fruto de la mezcla del temperamento y el carácter con la que vamos transitando por este mundo.

Para un artista que busca proyección, la personalidad se va a unir a su personaje de manera irremediable y va a servir de excusa perfecta para quienes, aun reconociendo su valía técnica, le achaquen su falta de valores personales. O, al contrario, gracias a tener una personalidad llena de bondades puede ser valorado de manera positiva a pesar de desafinar con el violín. Mucho.

Y claro, buscar la personalidad perfecta para el artista perfecto es algo que tiene su valor en el hecho de perseguirlo y no tanto en conseguirlo, pues será prácticamente imposible de alcanzar. Y si en algún momento te viene un suspiro que te hace pensar que eres la mejor persona y a la vez el mejor artista, debes saber que estás en zona de peligro, ya que es probable que tu percepción se te haya escapado un poquitín de las manos. Y si estás muy convencido de que eres lo más de lo más, te pido por favor que lo disimules con todas tus fuerzas. Hazme caso.

Te suspiro

Con lo leído hasta aquí, piensa por un instante en cómo defines tu personalidad atendiendo a tu temperamento y a tu carácter. ¿Qué detalles crees que te vienen de serie y qué otros los has adquirido fruto de tu entorno de crecimiento?

Niveles de autoestima

Es difícil poner cifras a la cantidad de amor que nos ofrecemos a nosotros mismos. La autoestima es un término cualitativo poco amigo de ser puntuado numéricamente.

En una primera aproximación voy a explicarte los tres niveles de autoestima de los que nos habla el *coach* argentino Freddie Kofman. Estos son el nivel de producto, el nivel de proceso y el nivel de infraestructura.

El nivel de producto se refiere a que te vas a querer en función de un momento en el que obtienes un resultado sobre un producto en concreto. Como artista esto significa cómo te quieres cuando, por ejemplo, acabas de ofrecer un recital y sientes los aplausos del público. En función de todo ello te valoras. Ha ido bien, me quiero. Ha ido mal, no me quiero. Este nivel de producto depende siempre del resultado de cada momento, de cada producto o situación específica. Tu autoestima sube y baja continuamente.

El nivel de proceso ya no valora tanto el resultado de un momento, sino que hace un análisis sobre un periodo más largo de tiempo en donde lo que vas a valorar es una tendencia. Si comparas tu yo artístico de hace un año, por ejemplo, con tu yo actual, puede que hayas tenido momentos de todo tipo, pero que consideres que estás creciendo en una buena línea ascendente, aprendiendo cada día un poco más y siendo consciente de que sigues tu camino. Viéndolo así, ya no depende de cómo te sientas al acabar un concierto en concreto, sino que creas en ti, te valores y te felicites por estar avanzando en tu proyección artística. Y en el caso que la tendencia sea descendente, será una señal para que te pongas manos a la obra emprendiendo algo nuevo para revertir esa dirección. Si no haces nada, no cambia nada.

El tercer nivel es el de infraestructura. Es un sentir mucho más profundo y simple a la vez. Es quererte por el simple hecho de existir. Por tener cuerpo y alma. Agradecer al universo que te haya dejado caminar en él y que te haya ofrecido la posibilidad de mostrar tu arte y tu persona a los que han tenido la suerte de coincidir contigo en el tiempo. Es mirarte a vista de pájaro siendo consciente de tu pequeñez física en la escala del universo y en la grandeza de tener la oportunidad de devolver tu gratitud en forma de creatividad artística. ¡Gracias, vida!

En resumen, el nivel de producto es según lo que he hecho hoy. El nivel de proceso, según lo que estoy haciendo en los últimos meses. El nivel de infraestructura, según lo que estoy haciendo en mi vida gracias a existir en este mundo. Toca quererse.

Autoestima sana

Además de estos tres niveles que acabamos de ver y que hacen referencia a mi autoestima según mis acciones, vamos a clasificarla ahora para saber si poseo una autoestima sana o bien debo estar alerta y tomar una acción de mejora que permita darme la justa dosis de amor que necesito.

Para ello establecemos un rango de cuatro zonas que van de más a menos en lo que a cantidad de autoestima se refiere. Estas son alta negativa, alta positiva, baja positiva y baja negativa.

Es curioso observar cómo en los dos extremos encontramos una calificación negativa. Si bien es fácil entender que una baja negativa es algo que no nos conviene, quizás ya es menos comprensible que un alta pueda ser negativa. ¿No se trata de querernos? Pues cuanto más, mejor, ¿no? Pues no. Ya te lo anoté en el primer suspiro cuando hablaba de regar nuestro ramo de flores frescas, las fortalezas. ¿Qué le ocurre a una flor con exceso de agua?

La autoestima alta negativa incurre en una sobredosis de amor que nos inyectamos y que se traduce en un estado de seguridad exagerado. Me quiero mucho, me veo perfecto e incluso el más guapetón de entre los hermosos. Qué suerte tienen los que me conocen. Soy capaz de todo lo que me proponga. Imparable. Más que quererme lo que ocurre es que estoy locamente enamorado de mí. Y sí, aunque en el título de este suspiro he escrito "enamórate de ti", ya sabes qué le ocurre a nuestro cerebro cuando estamos enamorados. Un peligro. Por tanto, del idilio inicial de tortolitos enamorados, debes pasar a sentir un amor sincero, maduro y duradero.

¿Conoces a alguien que esté tremendamente enamorado de sí mismo? ¿O quizás te estás sintiendo identificado con esta manera de quererse? No es recomendable sentirse así. Créeme. Las personas que tienden a esta autoestima tan alta pueden perder fácilmente la percepción de la realidad necesaria para relacionarse con los demás. Suelen tener siempre un espejo delante para observar tal maravilla. La empatía es muy baja, ya que están más pendientes de agradar a los demás que de ver qué bonitas son las caras de quienes están en frente de ellos. Además, les puede aparecer una envidia desmedida o una ambición enfermiza por querer conseguir todo lo que se propongan aun dañando a otros, si hace falta.

Quien posee una autoestima muy alta suele tener un ego también desbordado. Un superego. Aunque no creas que el ego en sí es malo. En absoluto. Es algo muy necesario. Nos otorga protección gracias al instinto de supervivencia que nos proporciona. Nos hace ser quienes somos, nos define y nos personaliza asignándonos una identidad. Pero atención, el ego es como un perro que llevamos atado por la calle, que tira con toda su fuerza hacia delante y nos obliga a retenerlo para poder caminar de una manera cómoda sin molestar a los demás. Un ego fuera de control no solo nos hace creer que somos Superman, sino que además creemos que somos el más poderoso de entre todos los superhéroes. Y no es así, si no, pregúntale a Spiderman a ver qué opina y verás.

Por tanto, una autoestima muy alta la consideramos negativa y deberemos tomar acciones para gestionarla y volver a pisar con los pies en el suelo. Justo es en este suelo en donde reposa la siguiente zona. La autoestima alta positiva.

De las cuatro zonas que te he nombrado, es esta, la de la autoestima alta positiva, la que debemos perseguir para situarnos dentro de su franja. Es a lo que llamamos tener una autoestima sana. Me quiero siendo consciente de lo que soy; acepto mis fortalezas y también mis debilidades; no me creo más que nadie, pero tampoco menos; sé marcarme objetivos que me reten con la capacidad de saber si son metas reales o precipicios imposibles.

Tener una autoestima alta positiva significa querer a los demás por su valía personal y profesional marcándolos como referentes si es que los creo mejores que yo, convirtiendo la envidia que pueda sentir en un nuevo reto de trabajo. Y si tengo alguien delante de mí claramente inferior, lo tomaré como una oportunidad para ayudar en todo lo que pueda, siendo generoso con las herramientas que conozco, y empoderarlo para que se supere en su día a día.

Tener una autoestima sana es ir aceptando quién soy y qué límites tengo. Hacer balance de manera regular de mis logros para que me sirvan de patrón en nuevos proyectos. Analizar mis fracasos y tomarlos como un nuevo aprendizaje para saber lo que no debo repetir o debo gestionar mejor en el futuro.

Es importante saber que uno de los peligros que tiene estar en una autoestima alta positiva es que si nos despistamos un poco, tenemos demasiado cerca la zona alta negativa. Querernos de una manera sana y equilibrada nos hace sentir bien con la seguridad de saber lo que somos y lo que hacemos. Y todo ello puede propiciar que nuestro ego, el perro que paseamos, empiece a tirar de la cadena hacia delante y se nos note demasiado lo mucho que nos gustamos.

Siguiendo la explicación sobre las cuatro zonas de autoestima, veamos ahora a la tercera hacia abajo. Me refiero a la autoestima baja positiva. De entrada, puede parecer una contradicción decir baja y a la vez positiva. Pero en realidad esta franja media nos sitúa también en una buena zona, parecida a la alta positiva. En este caso soy consciente de mis posibilidades, me acepto como soy y puedo ir trabajando en mis proyectos con inspiración y viéndome capaz de realizarlos. Pero todo ello lo hago con poca energía, con dudas, demasiadas dudas. De hecho, voy a seguir dedicándome a mi arte porque siento una firme vocación, pero suelo tener pensamientos recurrentes de que no soy ni voy a ser nunca la mejor, ya que hay otros que siempre me superan.

Una baja positiva me hace ser honesto, humilde, prudente, pero también me retumban en el oído voces convertidas en creencias limitantes con pensamientos del tipo "no te vayas a creer que vales tanto", "tanta ambición no es buena", "cada uno tiene su lugar, no ocupes el de nadie", etc. Y sí, es cierto que esa humildad te va a dar un buen crédito social, porque, aunque seas muy buena artísticamente, los demás van a valorar tu manera sencilla y cercana de ser. Pero quizás todo ello te está limitando y no te permite brillar a la altura de lo que realmente mereces.

Esta zona de autoestima baja positiva debe invitarte a trabajar tus limitaciones para poder ascender un poquito y encontrarte en la apreciada y cómoda zona de autoestima alta positiva. De lo contrario, estás también demasiado cerca de la siguiente y temerosa cuarta zona. La autoestima baja negativa.

Esta última zona que cierra la escala por la parte de abajo no es para nada recomendable. Una baja negativa aparece cuando no me quiero nada; no confío en mí; he venido a sufrir; siento ansiedad de manera crónica; no voy a salir de esta; no aprendo nunca; tomo siempre la decisión equivocada.

Pero atención, estos pensamientos deben ser recurrentes para considerar que estoy en la zona más baja. Tener un mal día, un mal concierto, leer una mala crítica de mi proyecto o sentirme sin fuerza para trabajar no significa que ya tenga una autoestima baja negativa. Va a ser normal, y para un artista más, estar viviendo siempre en una montaña rusa de emociones, pero si mi frustración no se mueve de ahí durante demasiados días, si sigo ahí abajo y nada me hace sospechar que estaré mejor, es entonces cuando suena la alarma de que alguna cosa debo hacer y cuanto antes.

Una autoestima baja negativa nos convierte en personas tristes, de mirada baja y perdida. Aparecen los bloqueos creativos de los que te hablé en el segundo suspiro. La ansiedad corta tu respiración más profunda y estás en un túnel sin fondo y sin luz. Un camino que se recorre de manera demasiado atrevida hacia lo que puede acabar siendo una depresión. Hay que estar atento a las señales. Siempre hay tiempo para detener un ciclo vicioso.

Por tanto, de las cuatro zonas para valorar nuestra autoestima vamos a tomar como zonas seguras las dos centrales: la alta y la baja positiva, estando alerta para no escaparnos hacia los dos extremos. Las zonas que debemos evitar, pues, son la alta y la baja negativa. En los dos casos va a ser muy aconsejable pedir ayuda externa porque, ni cuando me creo Superman ni cuando me desprecio, tengo la claridad mental suficiente para ser consciente de que estoy ahí y de que no puedo apañármelas solito.

Te suspiro

Reflexiona por un momento en qué zona, de estas cuatro que te he explicado, estás actualmente. Piensa también si en algún momento de tu vida has estado claramente en alguna de las otras zonas y qué motivos lo pudieron provocar.

Como sabes, la reflexión es el primer paso, pero si no actúas y creas un nuevo hábito será difícil que haya un cambio real en tu pensamiento. Para ello será necesario tener una actitud potente de la que te hablaré en profundidad en el siguiente suspiro.

Escúchame

En esta ocasión he creado el tema "Pregúntale a la luna", que te servirá para realizar la tarea o leer las frases que no debes olvidar.

La luna es la única luz que la noche enciende para que puedas preguntarte cómo estás y qué puedes hacer al día siguiente para seguir creciendo con firmeza.

Lee este QR con tu teléfono.

63

NO LO OLVIDES

Déjate ilustrar por profesores que te lancen hacia arriba y rechaza aquellos que te miren desde lo alto.

La autoestima me da la confianza de saber que soy capaz de sacar adelante mi proyecto. Es una creencia en toda regla que bien llevada es altamente potenciadora.

El equilibrio de una autoestima sana lo marcan dos pesos de nuestra balanza. La autoimagen y el *autoideal*.

El temperamento es un conjunto de rasgos que hemos heredado de nuestros padres y por tanto tiene una alta condición genética.

La baja afectividad, la falta de cariño cercano e incluso vivir episodios de maltrato físico o psíquico irán forjando un carácter de tipo coraza.

Para un artista que busca proyección, la personalidad se va a unir a su personaje de manera irremediable.

Tener una autoestima sana es ir aceptando quién soy y qué límites tengo.

Una autoestima baja negativa nos convierte en personas tristes, de mirada baja y perdida.

Ni cuando me creo Superman ni cuando me desprecio tengo la claridad mental suficiente para ser consciente de que estoy ahí y de que no puedo apañármelas solito.

Mírate a vista de pájaro siendo consciente de tu pequeñez física en la escala del universo y de tu grandeza convertida en creatividad artística. ¡Gracias, vida!

CUARTO SUSPIRO. ACTÍVATE
Piensa bien y actuarás bien

Si no puedes cambiar tu destino, cambia tu actitud.

CHARLES REVSON

Actitud

Nos encontramos delante de una palabra mágica. La actitud. Habrás escuchado alguna vez que la actitud, una buena actitud, lo es todo. Bien, pues permíteme decirte que no es exactamente así, aun reconociendo que es algo sumamente importante.

Observa el inicio de la palabra. *Ac*. Dos letras que encontramos en otros términos como son *acción, actuar* o *actividad*. Incluso las tenemos en el verbo inglés *to act* o el sustantivo *action*. Todos estos vocablos significan 'movimiento'. Que alguna cosa está sucediendo. Pues bien, la actitud es el principio de toda acción que nos lleva a un nuevo escenario.

Pero, como te comentaba, la actitud por sí sola no nos va a proporcionar el éxito en nuestros objetivos. Si fuera así, tener éxito como artista sería tan sencillo como levantarse cada día con unas ganas tremendas de triunfar. Antes de adentrarnos en cómo podemos tener una actitud firme y duradera, nombremos algunos de estos otros elementos que son tan importantes e imprescindibles como la propia actitud.

El talento es quizás el primero de todos. Que no te engañen, el talento existe y es importante. Eso sí, es un elemento más. Las habilidades para realizar una disciplina son visibles muchas veces ya a temprana edad. Hechos como, por ejemplo, destacar tocando el piano con apenas ocho años, moverse como una sirenita despertando miradas incluso cuando se danza en grupo, escribir poemas profundos cuando aún se está practicando caligrafía o muchas otras actividades que muestran que esa personita tiene una aptitud especial y que ha nacido con vocación para desarrollarla. Las habilidades son un gran punto de partida, pero, no lo olvides, no solo de talento vive el arte.

Otro elemento que sumar es tener claro el objetivo. Si no me enfoco, estaré derrochando mi talento como el agua que se pierde en una tubería rota. Muchas niñas y niños que muestran un talento artístico especial van perdiendo el interés poco a poco por su falta de objetivos, de foco, de capacidad de trabajo. Todos ellos se van a ir viendo superados por compañeros no tan talentosos, pero que tienen foco e invierten el tiempo y los recursos necesarios. Esto confirma que el talento es muy importante, pero que hay otros elementos que lo pueden superar como son el esfuerzo y la disciplina.

Y un último elemento que quiero hacer explícito es la formación continua que no debemos abandonar nunca. Esto incluye, como te explicaba en un suspiro anterior, el pilar personal, el artístico y el de proyecto. Un trabajo poco orientado a estos tres pilares puede provocarnos una falsa actitud. Es decir, tener la sensación de que vamos como una flecha, pero sin saber a qué diana nos dirigimos. Lo que se conoce como correr como pollo sin cabeza. Tremenda la actitud de ese pollo. Pero ¿a dónde va?

¿A qué se debe mi actitud?

Si la actitud es una manera de comportarnos, un estado anímico que tomamos para realizar una acción,

66

o, de una manera más genérica, un estilo de hacer las cosas, es cierto que en ella irá mezclada mi personalidad, con las dosis de temperamento y carácter que te expliqué en el anterior suspiro.

No obstante, también son decisivos otros factores que determinan cuál va a ser mi actitud en un momento concreto. Nombremos algunos de ellos.

El entorno en el que vivimos, que incluye nuestro primer círculo familiar, nuestro ámbito laboral que pisamos cada día y nuestro grupo de amigos cercanos, son un ejemplo claro de los contextos en los que vamos a ir forjando una actitud muchas veces mimética. Ya podemos tener una actitud inicial muy proactiva que si en ese entorno predomina una actitud más reactiva o directamente pasiva, vamos a ir contagiándonos de esa sensación y nuestra actitud se irá amoldando a la de los demás.

Cuando eso ocurre, al principio tenemos una cierta intención de cambiar las cosas y tocar con nuestra varita mágica a quienes se muestran desganados. Pero muy a menudo, existe una inercia implícita en esos lugares, como una nube negra que regenta un cielo siempre a punto de llover, que va a provocar muy probablemente que vayas olvidando tus mejores pensamientos y te adaptes a la manera de hacer de aquel entorno. La otra opción, muy recomendable, es alejarte cuanto antes y buscar espacios más soleados.

La actitud, entonces, siempre va a depender del entorno y de cómo se comportan las personas que están en él, haciendo cierta esta célebre frase: No confundas mi personalidad con mi actitud. Mi personalidad es quien soy, mi actitud depende de quién seas tú.

Lo que la actitud no puede hacer por ti

Siguiendo con la idea de que la actitud es muy importante pero que no lo es todo, veamos qué cosas no puede hacer por ti.

Tu actitud no puede suplir a tu aptitud. Ser apto, hábil o capaz va a depender de otros factores como son tus habilidades motrices si es que quieres dedicarte a la danza, tu psicomotricidad fina si es que quieres diseñar joyas o tu inteligencia musical, léase a Gardner, si lo que quieres es ser hábil con el piano.

Por mucha actitud que tengas, si tu habilidad no te acompaña, deberás ir olvidando tu sueño juvenil de ser el pianista que toque mejor y más rápido los estudios de Chopin. Siempre, o casi siempre, va a haber otro pistolero en el lejano oeste que sea más rápido que tú. Hago una excepción si eres Lang Lang y estás leyendo este libro. (Por cierto, ¡me encantaría conocerte!).

La actitud tampoco puede sustituir a la experiencia. El paso de los años, las vivencias, los aciertos, los errores, la madurez y todo aquello que llevas en tu mochila va a ser tu experiencia. No puedes comprarla, tomarla prestada ni matricularte a didáctica de la experiencia en ninguna facultad. Debes vivir, arriesgarte, cambiar, evolucionar, equivocarte, disgustarte, alegrarte y dejar que pasen los días, los meses y los años para que la vida te convalide esa asignatura.

Y es necesario tener muy claro algo más. Que la experiencia te sirva de aprendizaje positivo para hacer las cosas cada día un poco mejor. El hecho de afirmar que tienes una gran experiencia porque la cuentas por el número de años vividos no significa que hayas evolucionado a mejor. Hay personas que lo han hecho mal desde el primer día, aunque lleven cuarenta años. En ese caso, mejor que no los tengas de asesores de nada.

Algo más también muy cierto. La actitud no puede cambiar los hechos. Lo que ya ha ocurrido no tiene vuelta atrás. La aceptación de lo que vives incluye adaptarte a ese nuevo escenario que la vida te ha preparado en su imprevisible guion. Es lo que hay. En todo caso, debes analizar si podías haber hecho algo diferente para que aquello no ocurriera y aprovechar la lección para hacerlo mejor en otra ocasión y, ahí sí, con tu mejor actitud. Y si no tuviste nada que ver con el hecho, pues aún mejor, olvídalo y a seguir.

La actitud tampoco puede reemplazar a tu crecimiento personal y artístico. Es necesaria la formación continua en el aspecto técnico de tu disciplina, así como el crecimiento personal, conocer nuevos profesores, viajar para enriquecerte culturalmente y así darle alas a tu capacidad creativa para ser mejor artista. Todo ello con una sonrisa, pero no solo con la sonrisa. ¡Hay que ponerse!

Y, por último, debes saber que tanto si ahora gozas de una actitud positiva como si estás en un momento de desgana total, nada de ello permanece de una manera automática. El mundo sigue girando como una ruleta de la suerte y tú eres la bola que va saltando de casilla en casilla a su merced. La actitud es la fuerza oculta que puede variar el rumbo de la bola y no dejarlo todo a capricho del azar.

Lo que la actitud sí puede hacer por ti

Definitivamente, tu actitud va a marcar la calidad en tus relaciones con los demás. Cuando los demás te definen como persona, sobre todo en esas sobremesas en las que tú no estás, suelen buscar calificativos para acercarse a un prototipo concreto. Todos esos adjetivos están definiendo también cómo eres tú según tu actitud.

De la misma manera que escribía en el punto anterior en donde afirmaba que tu actitud con alguien depende de cómo se comporta ese alguien contigo, la situación es recíproca. Los otros te van a tratar según te comportes con ellos.

La actitud es algo que debe medirse a medio o a largo plazo. Un día malo, sin ganas, lo podemos tener todos. O un día de subidón. Pero la media de tus días malos, regulares y buenos va a darte esa marca personal que define tu comportamiento.

En nuestras relaciones intervienen los llamados tres principios de la actitud. El del dolor, el del ascensor y el del aprendizaje.

El principio del dolor incide en que las personas heridas replican el dolor en los demás y siguen hiriéndose a ellas mismas. Un maltratador, físico o psíquico, suele tener antecedentes de niño o niña maltratada. La imitación y mimetización del comportamiento de padres, amigos y maestros actúa como modelo que el joven aprendiz carga en su cartera de recursos.

El segundo principio, el del ascensor, es la capacidad que tenemos las personas de poder, con nuestra actitud, elevar a los demás para que consigan sus objetivos o bien hundirlos bajo tierra haciéndoles creer que no sirven para nada. Una actitud generosa, bondadosa y de ganas de ayudar al prójimo nos convierte en el mejor profesor que un alumno puede tener.

De lo contrario, puedes pasar a la historia como tantas y tantos profesores que han conseguido, ellos solitos, que una niña abandone la danza por falta de autoestima; que un niño deje de estudiar batería porque nunca recibe un halago, o que los niños de una escuela deseen acabar el curso para cambiar de profesora. Si no sientes amor por enseñar, sabiendo que requiere una dedicación muy sufrida, quizás puedas dedicarte a construir los mejores pupitres. Lo que hagas, hazlo bien. Y no olvides que, si haces brillar a los demás, también recibirás más luz.

Y el tercer principio, muy ligado al segundo, es el del aprendizaje. Cada persona que conocemos tiene el potencial de enseñarnos algo. Y no estoy pensando únicamente en cosas técnicas como canto, violín o pintar acuarelas, sino que incluso cuando eres tú el que sabe mucho más, aprecies la brillante oportunidad para trabajar la humildad, el control del ego y aplicar de nuevo el segundo principio, el del ascensor.

Como resumen, te quiero hacer consciente de que la actitud es algo que debes cuidar cada día, analizarte, reconocerte y convertir tu mejor actitud en un hábito para que pase a formar parte de tu marca personal.

Te suspiro

Piensa por un momento si con la información que te he brindado sobre la actitud puedes definirte y ser consciente de cuál es el tipo de actitud que predomina en ti.

Los grandes obstáculos de la actitud

El primer recuerdo que tenemos de la palabra *problema* es cuando de niños estábamos en clase de matemáticas. La maestra nos planteaba un problema y perseguía dos claras intenciones. Una, quizás la principal, era resolverlo, y la otra, de la que ya no éramos tan conscientes, era desarrollar nuestra capacidad de análisis para separarlo en diferentes elementos y así encaminar la solución.

Después, ya en la vida de verdad, los problemas aparecen por el simple hecho de vivir. Desde una tostada que se nos quema en el desayuno hasta un serio problema que tenemos en nuestro lugar de trabajo. Por tanto, lo primero que debemos saber es que los problemas existen y todo el mundo los tiene. De la perspectiva que tomemos de cada problema va a resultar su resolución o su fracaso y, además, durante el proceso se va a crear un círculo vicioso entre positividad y negatividad que afectará a nuestra actitud ante ese problema.

Perspectiva correcta

Es obvio que mantener una actitud positiva va a favorecer encontrar la solución al problema. Y todo ello parte del pensamiento. Eso quiere decir que si pienso que

71

voy a solucionarlo, estaré más cerca de la solución que si creo que no puedo lograrlo.

Cuando estamos mirando por la calle y a lo lejos nos parece ver a Gerardo, un buen amigo, pero la gente de por medio no nos lo permite ver con claridad, lo que hacemos es movernos para encontrar una mejor perspectiva. Los elementos de la calle siguen estando ahí y persiste el problema de no ver con claridad, pero si consigo una mejor ubicación, podré dar con la solución y reconocer o no a mi amigo Gerardo. La perspectiva correcta es el punto de partida para afrontar un problema.

Ubicarnos bien parte de revertir perspectivas incorrectas en otras favorecedoras. Decir que los problemas son permanentes ayuda poco; en cambio, es mejor pensar que son temporales. El hecho de afirmar que eso que me pasa no es normal, le da al problema una visión cerrada, pero si creo que esas cosas también les ocurren a otras personas, quizás busque referentes que me ayuden a encontrar mi solución.

Cambio la perspectiva cuando pienso que un problema me impulsa en lugar de pensar que me detiene; cuando creo que me desafía en lugar de controlarme; cuando creo que me hace mejor en lugar de amargarme. El problema, los problemas, van a estar ahí siempre. Tu perspectiva correcta es el primer gran paso.

Actitud ante el problema

El freno de mano que limita mi actitud es el miedo, el temor al fracaso. Muchas veces el recuerdo de una experiencia negativa actúa como anticipación al nuevo problema. Eso ocurre cuando el problema del pasado quedó únicamente como un fracaso o algo que me produce ansiedad al pensar en ello.

Pero un problema mal resuelto también nos brinda la oportunidad de llevar una marca de guerra en nuestra piel, una cicatriz que envejecerá con nosotros y que guardaremos en la maleta de lo vivido. Un problema te hace crecer más que las mejores vitaminas infantiles. Tómalo como un salto hacia delante gracias a admitir tus miedos, descubrir las causas, comprender cómo te limita y aceptarlo como parte de tu progreso.

Si anticipas el fracaso, llegará. Pero si llega, también te marcará un nuevo camino y te avisará de que quizás necesitas enfocarte en tu objetivo; que no debes rendirte; que debes distanciarte del problema para tener una mejor perspectiva; que necesitas no perder el sentido del humor y relativizar lo que te hace sufrir. Todo es un pasito más.

El poder del pensamiento

Créeme si te digo que el pensamiento es el causante de todo lo que sientes. Para afirmar esta idea he utilizado el verbo *creer*. Y si utilizo su sustantivo obtenemos una de las palabras más importantes de la existencia humana. La *creencia*.

Las creencias son verdades subjetivas que asumimos como objetivas y que justifican aquello que pensamos suponiendo que somos libres de pensar así. Y no, libres lo que se dice libres, no lo somos del todo. Nos construimos una realidad hecha a medida de lo que somos, de todo lo que ha influido en nuestro crecimiento, y llegamos a pensar, a creer, que esa es la única realidad que existe.

El pensamiento, pues, tiene un superpoder que va a condicionar todo aquello que vives. Es capaz de levantarte o dejarte caer; puede trabajar para ti o en tu contra; controla cómo te sientes y cómo actúas; puede hacerte reír, amar, luchar o decidir que abandonas el barco.

Un pensamiento que perdura en el tiempo se convertirá en una creencia. Y tus creencias son las que te van a limitar o te van a impulsar hacia delante. De ahí que las llamemos limitantes o potenciadoras. Lo más importante es saber que si consigues mantener un pensamiento positivo en el tiempo, vas a poder incorporarlo a tu manera de actuar, a tu actitud en el día a día, y tomarlo como una creencia de vida. Para ello, es vital mantener una actitud mental positiva que te ayude a sentirte empoderada.

Pero claro, nuestro cerebro está más preparado para sobrevivir que para ser feliz. Es por eso por lo que nos invaden continuamente pensamientos negativos como si actuaran de alerta ante los peligros que nos acechan. Antiguamente era habitual sentir miedo ante un posible ataque de leones, pero hoy en día los leones son nuestros pensamientos negativos. Si no hay leones de verdad, los imagino y listos.

Detectar los pensamientos negativos

Es difícil anticiparse a un pensamiento, ya que este actúa de manera bastante autónoma. Pero el análisis de nuestro comportamiento y el deseo de mejorarlo nos debe dar razones para prevenir nuestra manera de pensar, sobre todo cuando nos lleva por caminos poco transitables.

Una buena pista te la dan situaciones como las que ahora te describo. Ante un hecho que puede salir mal nuestro pensamiento se activa de manera extremista con frases como "o doy un buen concierto o abandono mi carrera". O con generalizaciones como "siempre me pasa igual, nunca soy capaz de hacerlo bien". ¿Siempre? ¿Nunca? Incluso cuando recibimos una buena nota en un examen lo minimizamos diciendo que "han sido muy generosos con mi interpretación". Nuestro pensamiento altamente pesimista se une a palabras como *horroroso, desastre, drama* y otras tantas muy poco alentadoras.

Evitar el ciclo vicioso

Como verás, el pensamiento negativo está dentro de un engranaje perfecto del que cuesta mucho liberarse, ya que se comporta de manera circular. Te lo explico.

74

Cuando aparece un pensamiento negativo, este provoca una emoción física cercana a la ansiedad. Te sientes mal. Este malestar va a provocar una acción poco acertada, ya que no estás enfocándote libremente para poder actuar.

Por ejemplo, antes de salir al escenario a tocar una obra con la guitarra pienso negativamente. Abro el ciclo. "No voy a tocar bien". Siento miedo, me sudan las manos y mi corazón late más deprisa. Lógicamente mi acción, tocar la guitarra, se va a ver afectada y lo más seguro es que tenga una interpretación por debajo de mi potencial real. De esta manera, en la próxima ocasión que tenga que interpretar una obra con mi guitarra, mi pensamiento aprendido es que la cosa no va a salir bien. Y se repite el ciclo.

Veamos ahora el placentero círculo de pensamiento positivo. Abro ciclo. Tengo que salir al escenario. Pienso en que he hecho un buen trabajo hasta llegar ahí y doy gracias a la vida por darme la posibilidad de ofrecer mi arte a un público que ha venido a aplaudirme. Mi cuerpo transmite ganas. Y los nervios, lógicos, los entiendo como una oportunidad cargada de adrenalina. Me conecto, sonrío y toco. Simplemente toco. Me siento bien. Por tanto, la próxima vez que salga a un escenario creeré en mí. Ya no dudaré. Y se repite el ciclo positivo.

Sí, sé que estás pensando que no es fácil. De hecho, es muy difícil llegar a fluir de manera positiva, sobre todo si tu actividad es una acción a tiempo real como tocar o cantar. Pero créeme, es posible si trabajas, si te trabajas. Recuerda lo de crecer en los tres pilares, el personal, el artístico y el de proyecto. Eso sí, no pretendas tocar conectado con los dioses si la obra no la has estudiado suficientemente. Ahí los dioses te van a dejar solito.

Ten muy presente también que muchas veces, aun gestionando de manera correcta tu pensamiento y estando en un ciclo altamente positivo, puede que la actuación no acabe de salir del todo bien. En ese caso a tu pensamiento tienes que llevarlo a creer que sigues en el reto de aprender, que eres humano y que vas a seguir trabajando en tu camino artístico. Nadie dijo que sería fácil.

El cambio en cinco pasos

Si estás leyendo este libro es porque necesitas, intuyes o deseas hacer un cambio en algún aspecto de tu vida artística. La autoestima es el eje central de esta publicación y, como ves, a ella se unen muchos elementos relacionados con el crecimiento personal. Crecer es cambiar. Cambiar es crecer. Y para cambiar es necesario hacer las cosas de maneras diferentes para que nos den resultados diferentes.

Suelo insistir mucho en el hecho de que leer y reflexionar sobre lo que nos ocurre es un primer gran paso, algo que muchos otros nunca van a hacer. Pero si lo dejamos todo en esta primera fase reflexiva no va a suceder nada más. No habrá ningún cambio.

Si en este suspiro te estoy hablando de creencias y pensamientos, entendiendo que es lo que nos provoca actuar de una manera determinada, es coherente creer que para actuar de otra manera deberé cambiar mis pensamientos. Y es cierto que es una tarea realmente difícil. El cerebro humano está diseñado para ir cerrándose a nuevas interpretaciones a medida que nos hacemos mayores.

Solo en las primeras etapas de la vida el cerebro es moldeable, de ahí la importancia de una educación íntegra. Pero ya de mayores va a ser muy difícil cambiar de pensamiento. Supongo que te has encontrado en más de una ocasión en la difícil misión de hacer cambiar la opinión de una persona mayor. Pues eso.

Pero difícil no significa imposible. Y quizás la principal razón que puede hacerlo posible es que seas tú misma la que quiera revertir, de verdad, una manera de pensar y de hacer. Para ello voy a darte una pequeña o gran ayuda en cinco pasos para revertir pensamientos y creencias limitantes de manera que pasen a ser potenciadores.

Primer paso. Deshacer

Fruto del autoconocimiento y desarrollo personal estás descubriendo cómo eres y qué aspectos quieres mejorar. Por tanto, estás siendo consciente de que tu manera de pensar condiciona tu manera de actuar. Poco a poco estás poniendo nombre y apellidos a tus pensamientos. Te conoces. Ya sabes por dónde vas a salir.

Intuyes que hay otra manera de vivir tu carrera artística, pero te ves incapaz de alcanzarla. Este es el primer paso. Y me alegro de que fruto de esta inquietud estés leyendo esta publicación. Te felicito. Como te he comentado en el párrafo anterior, no todo el mundo que necesita un cambio está dispuesto a hacer este primer paso de consciencia.

Segundo paso. Seleccionar

En este segundo paso debes hacer dos listas. En la primera vas a poner todos aquellos pensamientos recurrentes que favorecen tu manera de actuar. Los que te generan una buena dosis de autoestima y te permiten creer en ti. Es probable que estos pensamientos los hayas convertido ya en creencias potenciadoras. Genial. Será bueno tener esta lista presente en momentos de duda.

La segunda lista es todo lo contrario. Anota aquellos pensamientos que te conducen por mal camino y que tu diablillo interior utiliza para taladrarte la oreja con infinidad de mensajes negativos.

Bien, lo que has hecho en este segundo paso es una selección premeditada de lo que te hace bien y lo que te hace mal en tu manera de pensar.

Tercer paso. La renuncia

Aquí empieza el trabajo duro. Es como hacerle un pulso a tu cerebro. Cada uno de los pensamientos negativos que has escrito debes revertirlo, combatirlo, con un pensamiento positivo. Te costará más que cuando piensas de manera negativa ya que el cerebro aquí ya no funciona automáticamente. Tienes que provocar tú la nueva manera.

Un ejemplo. Imagina que has escrito como pensamiento negativo una frase del tipo: "Es imposible vivir del arte". Si analizas las palabras ves claramente que decir imposible significa que nadie en el mundo puede vivir del arte. ¿Es eso cierto? Pues no. Hay muchas personas que sí viven del arte y muchas otras, como te expliqué en el segundo suspiro, viven con arte. Y bien, ¿cómo puedes forzar a tu cerebro a que lo enfoque de manera positiva?

Primero, busca palabras que indiquen cierta negatividad pero que dejen un escenario más abierto. En lugar de imposible vamos a llamarle difícil, retador, desafiante, complicado o expectante. Después, palabras más cercanas a una media sonrisa como alentador, soñador, alcanzable, deseable, etc. Y finalmente construir frases como: "es difícil pero posible"; "si otros pueden yo también puedo"; "voy a dar lo mejor de mí"; etc.

Y recuerda que es de vital importancia que tu objetivo sea retador y a la vez alcanzable. Si no es así, por mucho que te repitas que sí puedes, para ti la realidad será dura e infranqueable.

Cuarto paso. Asentamiento

Este cuarto paso supone ir entrando en una nueva normalidad. Con los pasos anteriores deberías haber conseguido revertir un pensamiento negativo en uno positivo. Pero debes tener presente que durante la lectura de este libro no te da tiempo suficiente como para avanzar de un paso a otro y conseguir entrar en esta normalidad.

Estos ejercicios que te propongo debes realizarlos sin prisa, pero sin pausa, si realmente quieres que se produzcan cambios en ti. Solo leerlos te puede parecer muy interesante pero la finalidad es que te ayuden a realizar cambios significativos en tu manera de pensar y actuar.

Aristóteles ya afirmaba que el ser humano es un animal de costumbres y estas se adquieren a través de los hábitos. La repetición de una acción es lo que provoca la adquisición de un hábito. Esto ocurre cuando después de muchos días de salir a correr por las mañanas, a pesar de las serias tentaciones de no hacerlo, llega un día en que el cuerpo te lo pide. Ya es una necesidad y no hacerlo te genera malestar y mala conciencia. Suele decirse que se necesitan veintiún días para que una acción se convierta en hábito. Aunque yo le echaría unas semanitas más. Por si acaso.

Los artistas, sobre todo aquellos que requerimos de una práctica regular con el instrumento, sabemos muy bien lo que es generar un hábito de estudio. No poder estudiar un día ya nos supone tener sentimiento de culpa y la sensación de perder la técnica de esas últimas semanas.

Todo ello se debe a que tenemos asentado en nuestro pensamiento el hábito de estudiar. De la misma manera, en este cuarto paso de reversión de creencias, tomamos como hábito dar un foco positivo a nuestra manera de pensar y lo incorporamos a nuestra manera de ser. Es decir, mostramos una actitud permanentemente positiva.

La prueba de haber asentado un nuevo pensamiento la encontrarás en momentos en donde antes pensabas que "no podré superarlo" y ahora piensas "estoy en el camino de conseguirlo" o de "no merezco el éxito" a "recibiré mis frutos".

Quinto paso. Periodo de logros

Esta fase es aquella en la que te sientes bien porque has conseguido logros. Nadie te ha regalado nada. Han sido días, semanas o incluso meses de forzar a tu mente a pensar de otra manera. Y poco a poco has ido cambiando tu actitud. Este periodo te transmite sereni-

79

dad y paz. Es preciso que lo saborees. Vendrán otros momentos complicados y pensamientos negativos, pero haber obtenido logros te tiene que servir de revulsivo y de prueba fehaciente de que puedes nuevamente revertir tu pensamiento cada vez que lo necesites.

No creas a quien te diga que después de un logro conseguido solo llegarán nuevos logros. No es así. Pero lo que sí puedo garantizarte es que el aprendizaje en la gestión de tus pensamientos te servirá para actuar sobre ellos más rápidamente y que el periodo de reversión será cada vez más corto.

Escúchame

La propuesta de audición de este suspiro se titula "Pensamiento" y mientras me escuchas puedes leer las frases que creo que no deberías olvidar. Seguimos suspirando.

Lee este QR con tu teléfono.

NO LO OLVIDES

La actitud es el principio de toda acción que nos lleva a un nuevo escenario.

No solo de talento vive el arte.

La aceptación de lo que vives incluye adaptarte a ese nuevo escenario que la vida te ha preparado en su imprevisible guion.

Los otros te van a tratar según te comportes con ellos.

No olvides que cuando haces brillar a los demás, tú recibes más luz.

No pretendas tocar conectado con los dioses si no has estudiado suficientemente la obra. Ahí los dioses te van a dejar solito.

Crecer es cambiar. Cambiar es crecer.

Solo en las primeras etapas de la vida el cerebro es moldeable, de ahí la importancia de una educación íntegra.

Es de vital importancia que tu objetivo sea retador y a la vez alcanzable.

El ser humano es un animal de costumbres, que se adquieren a través de los hábitos.

QUINTO SUSPIRO. MOTÍVATE
Nadie lo hará por ti

Si supiera que el mundo se acaba mañana, yo, hoy todavía, plantaría un árbol.

MARTIN LUTHER KING

La motivación

Inicio este nuevo suspiro confesándote algo que quizás te sorprenda. Cuando llegó este libro a tus manos me imagino que tuviste el pensamiento de que mis palabras te motivarían. No te escondo que también este es uno de mis retos. Por eso me gusta compartir mis conocimientos y mi experiencia como artista y ayudar a que el camino te sea algo más plácido.

Pero no. Te engañaría si te dijera que voy a motivarte. Yo no te puedo motivar. Lo siento. De hecho, nadie puede hacerlo. Nadie puede motivar a nadie. Te lo explico. En primer lugar, observa el inicio de la palabra motivación. *Mot*. De la misma manera se inicia la palabra *motor* o la inglesa *motion*. Todas ellas indican movimiento. Por tanto, motivación significa que algo te invita a moverte. Y ese algo es de nuevo una palabra que empieza de la misma manera. *Motivo*. La motivación es tener motivos.

Por tanto, para estar motivada necesitas cargarte de razones. Y estas solamente pueden ser tuyas. Yo no te puedo prestar mis motivos para que te pongas a estudiar un fragmento complicado con tu clarinete o que hagas tu rutinario ejercicio físico para rendir más en tu clase de danza. No puedo porque yo no pretendo dar conciertos de clarinete ni optar a una plaza en la Compañía Nacional de Danza.

Y, aunque tú y yo tuviéramos un objetivo parecido, cada uno de los dos tendríamos motivos, razones, diferentes. Obtener un grado superior de piano puede servir para dedicarte a la carrera concertística o también para obtener una plaza de profesor en un conservatorio lejos de los escenarios. Si yo te doy motivos para que seas un gran concertista, pero tú estás pensando que el horario de profesor te permite estar más tiempo con tu familia, no solo no te voy a motivar, sino que puede que mi presión te genere ansiedad y dudes, una vez más, de si estás en el camino correcto.

Por tanto, la motivación es un estado interno, tuyo, que te activa para perseguir tus metas.

El secreto del para qué

Una carrera artística necesita lubricarse continuamente con el aceite de la motivación, ya que de lo contrario va a ser muy difícil alcanzar las metas. Este aceite ayuda a que el motor esté en perfecto estado y preparado para ponerse en marcha cada mañana.

La motivación te va a ayudar a mantener la conducta incluso los días de desgana, que siempre están ahí fastidiando. Además, te servirá para enfocarte en tu trabajo y a no dispersarte con golosos objetivos que irán seduciéndote pero que te alejarán de tu foco principal. Y, por último, una buena motivación será el compañero de viaje perfecto, ya que estará contigo hasta la culminación de tu proyecto.

El secreto está en que el objetivo que pretendes sea lo suficientemente relevante en tu vida para que cada mañana te despierte una sonrisa y active tu motor. Y además de relevante deber ser alcanzable, de lo contrario el continuo fracaso derivará en pérdida de motivación y abandono de la meta. Si quieres subir una montaña, busca aquella que sea adecuada a tu físico y añádele un 30% más de altura para que sea desafiante y te haga sentir orgulloso de tu aventura. Pero asegúrate de que para ti es posible subirla y de que vas con el calzado adecuado para conseguirlo. La motivación debe ir acompañada siempre de unas buenas dosis de sensatez.

Las cuatro teorías

Como acabo de escribir, la motivación persigue alcanzar algún objetivo y para que este sea realmente retador y desafiante, deberá cubrir una necesidad. En este caso debo saber diferenciar claramente entre una necesidad y un capricho.

Ahorrar dinero para comprarme un nuevo violín cuando el que tengo ahora lo estrené hace muy poquito y suena de maravilla va a ser un motivo muy vago para invitarme a ahorrar. En este caso un nuevo instrumento sería un capricho y no una necesidad. Por tanto, una motivación debe ser fuerte para que nos active e invite a cubrir una incipiente necesidad.

La primera de las cuatro teorías que te voy a mencionar es la del psicólogo estadounidense Abraham Maslow, quien llama necesidad a aquello que es vital para garantizar la supervivencia. Según la pirámide de Maslow, que es como se conoce esta teoría, en la base de la figura están las necesidades básicas, las fisiológicas. Si no bebo agua durante días, mi vida corre peligro. ¿Qué mejor motivación puede existir que la de encontrar agua cuando llevo días sin beber?

Después de las fisiológicas y subiendo por la pirámide de una manera jerárquica aparecen las necesidades de seguridad vital para sentirme protegido; después vienen las sociales, para sentirme querido; luego las de la autoestima, para valorarme como individuo; y, finalmente, en la cúspide de la pirámide está la necesidad de autorrealización para sentirme un ser trascendente.

Esta última necesidad, la trascendencia, toca de lleno el polo más espiritual de mi ser y, remitiéndome a Aristóteles, esta necesidad me genera la motivación suficiente para perseguir como fin último alcanzar mi plena felicidad.

Es importante saber que en la escala de las necesidades descritas por Maslow existe un orden preferencial para cubrirlas. Esto significa que, si estoy hambriento y necesito comer, toda mi motivación la voy a enfocar en conseguir comida y no voy a pensar para nada, motivación cero, en cambiar mi ordenador por uno nuevo a pesar de que tiene muchos años y tarda más de veinte minutos en arrancar. Lo primero es lo primero.

La segunda de las teorías sobre la motivación es la del también estadounidense y psicólogo Paul Alderfer, quien, además de desarrollar la teoría de Maslow, aportó un nuevo enfoque con algunas diferencias sustanciales. En primer lugar, redujo a solo tres las necesidades que deben ser cubiertas. Estas son la existencial, ligada a la trascendental de Maslow; la relacional, ligada a la social; y la de crecimiento personal, que puede ir asociada a la de autoestima descrita también por Maslow.

Pero quizás la diferencia más marcada es que, al contrario de Maslow, Alderfer argumenta que puede haber un retroceso hacia una necesidad inferior partiendo inicialmente de una superior. Es decir que, aunque en su momento ya hubiera cubierto la necesidad de autoestima y me encuentre trabajando necesidades superiores, como la trascendental, puedo regresar a la necesidad de autoestima si es preciso en ese momento de mi vida.

Te suspiro

Antes de seguir con la siguiente teoría, quiero lanzarte un pequeño suspiro. Haz un repaso ágil y determina cómo tienes cubiertas —o no— las necesidades según el orden marcado por Maslow. De abajo a arriba de la pirámide. Las fisiológicas, las de seguridad, las sociales, las de autoestima y la de trascendencia.

Esta reflexión quizás te ayude, te motive, a establecer un plan de mejora en alguna de ellas. Por supuesto, y creyendo que la lectura de este libro te motiva para cubrir la necesidad de una autoestima sana, quizás también alguna de las otras pueda necesitar una inyección de oxígeno. Genial tenerlo en cuenta.

Después de Maslow y Alderfer, te expongo ahora la tercera de las teorías sobre la motivación. La del psicólogo David McClelland. Su teoría abarca tres columnas fundamentales: el logro, la afiliación y el poder. El logro es una fantástica aportación de motivación para un artista y se materializa en acciones como superar un examen, ganar un concurso o recibir el caluroso aplauso del público. La afiliación responde a una necesidad social, ya descrita en Maslow, y que para un artista supone la pertenencia a un grupo, como por ejemplo un claustro de profesores, una compañía de danza o una orquesta en la que se es un miembro más. Y, finalmente, el poder, la necesidad de mandar, se visibiliza en personas que van a estar al mando de ese grupo, de ese claustro o de esa orquesta en donde se ejerce como director titular. Para McClelland, cada una de estas tres columnas supone una gran fuente de motivación para lograr metas.

Y la cuarta y última de las teorías sobre la motivación es la de Frederick Herzberg. La idea principal de esta teoría se encuentra en el trabajo. Nuestra satisfacción laboral es la que mide el estado de nuestra motivación vital.

Quiero destacar que para un artista no es solamente importante dedicarse laboralmente al arte, sino que es imprescindible que esta dedicación sea altamente satisfactoria. No sé si estarás de acuerdo conmigo o incluso puede ser que te identifiques con lo que ahora te voy a explicar.

Mi caso laboral

Inicié mi etapa docente de muy jovencito dando clases de piano en una escuela de música. Sentirme profesor con apenas diecisiete años era una sensación parecida a cuando fui monitor de campamentos con quince. ¡Ya era mayor! ¡Ya era profesor! Como adolescente este fue un paso esencial en la construcción de mi identidad. Era fantástico tener a mi cargo niñas y niños a los que enseñar, guiar y proteger. Una dosis brutal de motivación en una etapa hormonalmente loca.

Sí, ser profesor me motivaba, ya que no tardé en darme cuenta de que, aunque ya empezaba a dar conciertos, el camino de la docencia cubría las tres necesidades de las que hablaba McClelland. La del logro, ya era profesor, la de afiliación, pertenecía a un claustro de profesores, y la del poder, tenía estudiantes a mi cargo.

Pero con el paso de los años, pocos, observé que quizás me estaba equivocando de dedicación. Para un pianista, gran pianista según aquella profesora que tuve de pequeño y de la que te hablé al inicio del libro, ser profesor de piano era el camino laboral más natural, pero a la vez se estaba convirtiendo en un precipicio hacia la insatisfacción de la que nos hablaba Herzberg.

Hacer veinte horas de clase a la semana sentado en una silla dentro de un aula, generalmente pequeña, observando como un solo estudiante está tocando el piano, es algo bastante duro. Los pianistas, a diferencia de otros instrumentistas, no podemos tocar a la vez que nuestro alumno. Como mucho lo podemos hacer a cuatro manos, que no tiene mucho sentido en una clase, o decirle al alumno que se levante y te deje a ti tocar ese fragmento para que entienda cómo debe tocarlo él.

Como músico necesitaba estar tocando el piano continuamente y no poder hacerlo era una auténtica tortura. Sí, me gustaba dar clase, pero me di cuenta de que solo disfrutaba de verdad cuando tenía un alumno que había estudiado las obras y podíamos, entre los dos, sacarle el máximo jugo a la interpretación. Pero eso solo ocurría en dos o tres casos de los veinte que tenía cada semana.

Era duro para mí imaginarme así durante toda mi vida laboral. Mi motivación se estaba esfumando. Una prueba de ello era que a menudo deseaba que algún alumno no viniera a clase para tener una hora de estudio para mí o poder tomar un café y desconectar del aula. Pasaron solo tres o cuatro años y decidí que no quería ser profesor de instrumento porque mi motivación sería tan escasa que la calidad de mis clases bajaría en picado y no estaría siendo honesto con los alumnos ni tampoco con el centro.

Mi decisión fue ser profesor de lenguaje musical. Creo que fue una de las decisiones más importantes de mi vida. Y por fin, ahora sí, tenía un aula grande con unos quince alumnos y el piano me servía para acompañar las lecturas melódicas, hacer dictados e incluso tocar música de fondo mientras ellos hacían los ejercicios más teóricos. Cada clase era un subidón para mí. Mi motivación estaba siempre por las nubes.

De esto que ahora te he explicado han pasado ya más de treinta años y te puedo asegurar que hoy en día, cuando entro en una clase de la universidad, siento la misma motivación y genero la misma adrenalina que cuando tenía veinte. Sí, estuve acertado en mi decisión de cambio.

Analizando mi acción, lo que hice en ese momento fue alinear mi manera de ser con lo que tenía que ejercer. Yo, aunque no lo parezca, ya que mi personaje actúa muy bien, soy una persona introvertida. Pero cuando mi personaje lleva el traje de profesor o está actuando en un escenario, necesita tener cuanta más gente delante mejor. De esto me hizo ser consciente mi profesora de piano en el grado superior, Margarida Serrat, cuando al finalizar un concierto me dijo que había tocado mejor que en la última clase y pronunció la frase que me hizo entenderlo todo: "Antoni, te creces cuando te escucha mucha gente".

He de reconocer que en ese momento de mi vida no decidí las cosas por un medido análisis de la situación. Pero sí que me dejaba guiar por cómo me sentía y qué visualizaba en el futuro. Y tomé una decisión. Hice algo para cambiar el presente. Hoy día, fruto de mi formación y experiencia, puedo analizarlo, ponerle nombre y ayudar a otros artistas a hacer cambios en su vida, en su manera de pensar para así alinearse y estar permanentemente motivados. ¡Esta es la clave!

Y un último apunte que no puedo evitar escribir. Siento tristeza cuando veo tantas y tantos profesores que desean que un alumno no vaya a clase para tener una hora para ellos. Algo no va bien. ¿Y así hasta la jubilación? Motivación, por favor.

Te suspiro

Te decía al principio de este último punto que quizás te sentirías identificado con mi caso laboral. Reflexiona durante unos segundos sobre si tu labor artística actual está alineada con tu manera de ser y eso te permite mantener una motivación positiva y permanente. O si, por el contrario, algo no funciona y te cuesta mantener la motivación. En el siguiente punto te doy alguna pincelada que seguro puede ayudarte.

Una motivación permanente

Necesitas de al menos tres elementos para tener una motivación que perdure en el tiempo. El primero de ellos es una meta clara y enfocada. El segundo es tomar decisiones. Si no te mueves, no avanzas. Debes diseñar un plan de acción bien pautado para saber los pasos a seguir en cada momento. Y finalmente, el tercer integrante del trío de la motivación es una autoestima sana.

En el segundo suspiro te explicaba en qué zona de la autoestima debemos situarnos para sentirnos bien, valorarnos y querernos de manera que no se nos suba a la cabeza, autoestima alta negativa, o que estemos en una zona de dudas permanentes sobre nuestra capacidad, autoestima baja negativa. Las dos zonas centrales, autoestima alta y baja positiva, son las que nos garantizan estar en buena sintonía, conscientes de nuestra valía, y que todo ello actúe como puntal básico en nuestra motivación. Si no me quiero, no tendré motivos para nada.

Como ves, y con la idea inicial de que yo no puedo motivarte, sino de que tú misma debes encontrar razones que te alienten a trabajar con una buena actitud, es cierto también que lo que sí puedo hacer es ayudarte a descubrir esas razones. Las herramientas de autoconocimiento, las reflexiones y los contenidos que estás leyendo fomentan tu creatividad para que puedas decidir qué es lo que te hará saltar de la cama cada mañana.

Veamos ahora un nuevo enfoque analizando los dos principales tipos de motivación. La intrínseca y la extrínseca.

Motivación intrínseca

Antes de explicarte de dónde parte la motivación intrínseca, déjame decirte que los dos tipos son igualmente válidos para tener motivos que te inviten encarecidamente a perseguir tus metas. Y, además, los dos se entremezclan continuamente en nuestro día a día.

La palabra *intrínseco*, y de hecho casi todas las que empiezan por *in-*, aluden al interior. Como *innato*, *inherente* o *interno*. Un motivo intrínseco nace desde nuestra esencia y busca complacernos a nosotros mismos. Si un motivo es la razón por la que hago algo, en la motivación intrínseca ese algo lo hago por mí.

Algunas razones de un motivo intrínseco pueden ser hacerlo por superación personal, por ganas de crecer y aprender cosas nuevas o simplemente por la satisfacción del trabajo bien hecho. En todos estos casos no necesito tener la aprobación de nadie más que de mí mismo. Lo hago para sentirme bien, tener una autoestima sana y mantener el amor propio con buena salud.

Te suspiro

Piensa por unos segundos en un motivo que esté enfocado a satisfacerte de manera interna. Que te haga sentirte orgulloso y no necesites explicárselo a nadie. ¡Bien!

Motivación extrínseca

En este caso el inicio de la palabra es *ex-*, y, como ya has deducido, mira hacia el exterior. Los motivos están situados fuera y, por tanto, no pertenecen a nuestra esencia. Ya no dependen únicamente de nosotros, sino que aparecen otros actores en escena que van a influir directamente en el peso de nuestros motivos. Porque sí, los motivos siguen siendo tuyos, pero ya no lo haces para rendir cuentas solo contigo, sino para que sean otros los que te juzguen.

Un ejemplo de motivo extrínseco es desear recibir una recompensa a modo de premio en un concurso o una buena calificación en un examen. Es decir, te motivas para que otros te recompensen. Otra razón puede ser tener una promoción en tu trabajo para que te asciendan de categoría. Ser reconocido también es un motivo extrínseco y muy necesario en la carrera de un artista. Y una razón muy curiosa es estar motivado para evitar una reprimenda. Esto significa que trabajas con una muy buena actitud porque de lo contrario vas a recibir un correctivo de tu jefe. Curiosa, pero perfecta como motivación.

Te suspiro

Piensa en si sueles experimentar en tu día a día alguno de estos motivos extrínsecos que te he descrito. ¿Por qué razón externa te motivas?

La mejor motivación

En mi opinión, no hay un motivo que sea únicamente intrínseco o extrínseco. No vivimos solos en una selva y, por tanto, todo lo que hacemos tiene una repercusión en nuestro entorno. Pero lo que sí es cierto es que debes hacer una reflexión continua sobre los motivos que te animan a ponerte en marcha.

Todo lo que es intrínseco te va a ayudar a alimentar tu mundo interior, tu satisfacción personal y tu autoestima. Y lo mejor de todo, ¡solo depende de ti! Para ello deberás ser justo contigo mismo, valorando tus logros y dándote la cantidad justa de amor que te permita perseguir tus metas con el convencimiento de que puedes alcanzarlas.

Y, por otro lado, la motivación extrínseca te va a ayudar a hacerte tu sitio en el apretado mundo artístico, a concursar con ambición, a crecer y a ser un artista consolidado recibiendo el reconocimiento de la crítica y el aplauso del público.

Pero no olvides que el mejor aplauso es el que te das cuando estás delante del espejo. Eres, debes ser, tu primer admirador. El reconocimiento externo es importante, de acuerdo, pero no depende únicamente de ti. El interno siempre va a depender de ti, ya que nadie puede impedir que te aplaudas a rabiar.

Te suspiro

Aplaude, sí, hazlo como un pequeño homenaje a este momento. Siempre quedará mucho camino por recorrer, pero ya estás andando. ¡Felicidades!

Descubrir los motivos

Los momentos de ofuscación, la baja autoestima o ser víctima de algunos de los bloqueos creativos como los que te comenté en un suspiro anterior, pueden dejarte parcialmente ciego de razones para estar motivado. Te lanzo algunas propuestas con el deseo de que descubras que tu día a día está lleno de buenas intenciones.

Primero de todo, recurrimos de nuevo a la idea de pensar en positivo. La buena actitud, una motivación fuerte y el deseo de alcanzar metas estan siempre en el lado positivo de las cosas. Y ya sabes que pensar bien o pensar mal es una elección puramente tuya a partir de lo que sucede en la realidad y la percepción que tú tengas de ella. Tú decides.

Una buena idea es escribir un diario personal en donde anotes y destaques los logros, pequeños o grandes, que vas consiguiendo en tu vida y que te han de servir de muestra de que vale la pena intentarlo. Y lo que no sean logros, los fracasos, debes esforzarte en sacar una lectura positiva de todos ellos para que sumen en la cartera del aprendizaje y de la experiencia.

El cerebro nunca sabe si aquello que estás pensando es cierto o no, simplemente se lo cree y genera una acción como si fuera cierto. Pensar en comida genera saliva, aunque no tengas el plato delante de ti. De la misma manera, si imaginas que estás logrando tu objetivo, tu cerebro cree que todo va bien y te sugestiona para que pienses en positivo y, por tanto, te sientas motivado. Es precisamente este estado el que va a favorecer que actúes con todo el convencimiento y consigas tu objetivo de una manera totalmente cierta. Piensa bien y actuarás bien.

Y, por último, no desaproveches nunca la posibilidad de ponerte en manos de un mentor o de un *coach* que te ayude a descubrir la cantidad de buenas razones que existen para que te pongas las pilas y vayas como un cohete en tu proyecto. Y, si te encuentras en la zona de autoestima alta o baja negativa, quizás también será recomendable contar con la psicología o la psicoterapia. No lo dudes. Te ayudará mucho.

94

Te suspiro

Piensa y anota uno de los logros que has conseguido en tu vida y de qué manera te sugestiona a creer que vale la pena el trabajo y el esfuerzo invertido. ¿Qué lectura haces de esa experiencia?

Motivación artística

Si la motivación es tener motivos, hablar de motivación artística significa tener proyectos artísticos. Cuesta imaginar un artista que no tenga obras. Un cantautor sin canciones, un escritor sin libros, un concertista sin repertorio, un pintor sin cuadros. Por eso, insisto en mis tres pilares de trabajo. El personal, el artístico y el de proyecto. Sin proyecto no hay viaje.

Esto significa que la motivación artística va un paso más allá, ya que además de quererte como eres y trabajar para lograr lo que quieres ser, debes buscar los motivos que justifiquen ese derroche de energía que vas a necesitar para llevar a cabo tu proyecto artístico.

Si la motivación genérica parte de creer en ti, la motivación artística parte, además de en ti, de creer en tu proyecto. No malgastes tu tiempo en un proyecto que ya de inicio no te motiva. A veces ocurre que no es el momento para ese proyecto. Guárdalo en un cajón y el tiempo dirá si hay que recuperarlo. O no.

Escúchame

Para esta quinta propuesta de audición he creado un tema que te acompañará en la lectura de las frases que no debes olvidar. Y su título, de lo más explícito. "Motivación".

Para escucharlo lee este código QR con tu teléfono.

NO LO OLVIDES

Para estar motivada necesitas cargarte de tus razones. Nadie te puede prestar las suyas.

La buena actitud, una motivación fuerte y el deseo de alcanzar metas están siempre en el lado positivo de las cosas.

Una buena motivación es el compañero de viaje perfecto. Estará contigo hasta el final.

Si no me quiero, no tendré motivos para nada.

Algo no va bien. ¿Y así hasta la jubilación? Motivación, por favor.

Los momentos de baja autoestima pueden cegar las razones de tu motivación.

El cerebro nunca sabe si aquello que estás pensando es cierto o no, simplemente se lo cree y genera una acción como si fuera cierto.

Si imaginas que estás logrando tu objetivo, tu cerebro cree que todo va bien y te sugestiona para que pienses en positivo.

SEXTO SUSPIRO. TU NUEVA MARCA ARTÍSTICA
Define tu imagen

La marca personal es la huella que dejas en la mente de los demás.

DENISE LEE YOHN

El paso del tiempo

Has llegado al sexto y último de los suspiros. Debes tener presente que el ritmo de lectura y el ritmo de aprendizaje no tienen por qué coincidir. De hecho, me atrevo a decir que no deberían coincidir. Durante todo el libro he insistido en la necesidad de hacer acciones para cada una de las propuestas que he diseñado y de muchas otras que, fruto de tu reflexión, estás descubriendo. Leerlo supone invertir unas horas, pero para que se genere un cambio necesitas el paso del tiempo. Días para descubrir cómo eres y qué es aquello que quieres cambiar, semanas para tener la herramienta que lo haga posible y meses para convertirlo en un hábito.

Además, aunque quizás ya estés viendo mejoras en tu rendimiento, estés generando pensamientos positivos o te estés situando en una zona de autoestima positiva, has de saber que van a seguir apareciendo dudas de tu persona y de tu proyección artística. La diferencia, y ahí está el verdadero aprendizaje, está en que la duda te marcará un punto de partida y te invitará a elegir entre dos caminos. Uno, el que te conducirá al abatimiento, al desánimo, a no creer en ti ni en tu proyecto y a plantearte seriamente si debes abandonar. Y el otro, el que te invitará a seguir trabajando con la certeza de que nada es fácil, de que estás tomando acción, de que estás creciendo personal y artísticamente y de que planificas de manera honesta, y también ambiciosa, tu siguiente proyecto.

El equilibrio de los tres pilares

Te voy a dar algunas razones más para convencerte, si es que aún no lo he logrado, de que es imprescindible crecer de manera simultánea y equilibrada en los tres pilares: el personal, el artístico y el de proyecto. Retomando de nuevo el símil de tu mesa artística y de los tres pilares que la sustentan, veamos qué ocurre si alguno de ellos flojea en exceso y cómo eso afecta a la estabilidad de tu mesa.

Artista infeliz

En el primer caso tenemos dos pilares fuertes, el artístico y el de proyecto. Y uno débil, el personal. Estar fuerte artísticamente significa que, además de tener proyectos, sigues formándote técnicamente, estudias regularmente, amplías tu formación con nuevos profesores y consigues aumentar tu capacidad creativa gracias a esa permanente necesidad de aprender cada día algo nuevo. La fuerza de tu proyecto se plasma en que diseñas bien cada uno de los objetivos, lo visionas en el futuro, estructuras bien el plan de acción y consigues un resultado satisfactorio que agranda tu trayectoria ampliando así el alcance de tu público.

Pero la debilidad de tu pilar personal no va a proporcionarte la satisfacción que mereces. Tu público te seguirá y te aplaudirá, la crítica te reconocerá y seguirás añadiendo más líneas a tu currículum, pero si no estás bien contigo misma, es muy probable que tu personaje se separe demasiado de tu persona. Eso quiere decir que, en tu rol de artista, llevarás puesta una sonrisa preparada para la siguiente foto, pero que cuando ya no haya cámaras te sentirás vacía, con bajo ánimo, y que, de nuevo, dudarás de ti.

El pilar personal, como ya has leído, incluye tu trabajo interior basado en una autoestima sana y también tu trabajo exterior basado en tus habilidades sociales para que puedan aplaudirte como artista y además pronuncien la célebre frase de "gran artista y mejor persona". Porque sí, en mi opinión, si el público te aplaude por tus proyectos y además te sigue también por tu persona, te convertirás en referente y ejemplo a seguir. Recuerda la necesidad de ser trascendente cuando te hablaba de las teorías de la motivación. Ser referente es una motivación maravillosa.

Por tanto, si tu pilar personal flojea, podrás ser un artista de éxito, pero puede que seas también un artista infeliz.

Artista mediocre

En este segundo caso tenemos dos pilares fuertes, el personal y el de proyecto. Y uno débil, el artístico. En este planteamiento se halla implícita una pregunta difícil de resolver. ¿Qué significa ser débil artísticamente?

Otras preguntas relacionadas con este enigma son: ¿Quién decide que ya eres un artista? Y de serlo, ¿quién decide que eres un buen o mal artista? ¿Lo decides tú? ¿Tu público? Muchas veces nos atrevemos a decir que alguien es un artista cuando está produciendo de manera regular, tiene su público y hay un sentimiento generalizado de que está aportando arte dentro de su disciplina. Pero, aun así, es muy difícil baremar la calidad de ese artista, por no decir que han existido grandes genios que han sido reconocidos muchos años después de su muerte. Es el caso del pintor Vincent Van Gogh, del escritor Franz Kafka o del polifacético y visionario Galileo Galilei, por nombrar algunos. Y, por otro lado, tenemos artistas a los que se les considera grandes simplemente porque mueven a miles de personas, pero en lo que se refiere a aportación artística podríamos debatir mucho. No es necesario dar nombres, no sea que además les dé publicidad.

Pero bien, para centrarnos un poco y acotar la definición de lo que significa ser un buen artista, te anoto aquí algunos parámetros que pueden ayudar a tan difícil misión.

En primer lugar, es necesario mostrar un talento especial. Viendo a un grupo de niñas danzando te fijas en una de ellas, ya que transmite algo especial en la manera de moverse. Tiene talento. Escuchando a una joven que toca el oboe sientes la necesidad de hacer silencio y dejarte llevar por el precioso vibrato que entrega junto a una afinación impecable. Tiene talento. Leyendo el primer poema de un adolescente sientes la necesidad de leerlo de nuevo, ya que el mensaje que transmite no se reduce a simples palabras encadenadas, sino que hay algo más. Tiene talento. Escuchando la voz de una joven cantante se eriza tu piel, te emocionas y no sabes describirlo con palabras. Tiene talento.

Otro elemento muy importante en un buen artista es su capacidad de trabajo. Una disciplina de estudio regular, práctica, práctica y más práctica es necesaria para ser mejor técnicamente. De lo contrario, tus dedos no responderán al preciso ataque en el piano, tu vocabulario será pobre para tus poemas o la acuarela quedará poco definida si tu pincel no sabe deslizarse con precisión. El trabajo de la técnica te hará mejor artista. Seguro.

Por tanto, tu mesa no será estable si tiene dos pilares fuertes, el personal y el de proyecto, pero flojea en exceso el pilar artístico. De ser así, serás un artista seguro de ti mismo y con proyectos interesantes, pero de repercusión floja. Un artista mediocre.

Y algo muy importante, no confundas estar en una etapa de baja autoestima con no tener talento. Veo continuamente artistas con un talento brillante pero cuyo nivel de autoestima no les hace ser conscientes de ello. Y claro, si no te lo crees tú, tu talento se duerme. Y existe el caso contrario, alguien con bajas muestras de talento pero que cree que está marcando un hito en la historia del arte. Pon atención en los dos casos y trabaja tu baja autoestima para creer más en ti o controla tu ego para bajar al mundo real. Y ante la duda de en qué caso te encuentras, es recomendable escuchar la opinión de personas entendidas en tu ámbito, ponerte en manos de un mentor o de un *coach* y, sobre todo, poner en tela de juicio aquellas opiniones de los más allegados, familia y amigos, que consideran hace tiempo que mereces una calle en tu ciudad. Calma.

Aún quiero añadir un detalle que creo también muy importante. Si te consideras o te consideran, de manera contrastada, un artista mediocre o que tocas techo en tus aspiraciones, eso no significa que debas abandonar tu carrera artística. En todo caso, mi recomendación es adecuar esas aspiraciones a tus posibilidades. Es importante, como comenté anteriormente, tener claro el equilibrio entre tu autoimagen y tu *autoideal*. Cómo eres y cómo te gustaría ser. Qué artista eres y a dónde te gustaría llegar. Si no tienes bien acotados estos términos, sentirás frustración y baja autoestima, y ello te impedirá, de nuevo, confiar en ti.

Además, debes considerar muy seriamente qué opciones tienes para dedicarte al arte. Dedicación exclusiva, a tiempo parcial, como afición, como evasión, como sueldo complementario o como una manera de dejar tu legado en este mundo. Hay muchas maneras con las que puedes sentirte artista independientemente del nivel de tu arte.

Artista vacío

En este caso los dos pilares fuertes son el personal, estoy bien y seguro de mí mismo, y el artístico, desarrollo mi talento con aprendizaje y disciplina continua. Pero mi tercer pilar, el de proyecto, está falto de contenidos. Soy músico y no creo nuevas canciones o repertorios; soy pintor y no planifico nuevas exposiciones; soy poeta y no escribo nada nuevo; soy actor y no estoy estudiando ningún guion. ¡No tengo proyecto!

Puede que te estés sintiendo identificada con alguno de estos casos. Los motivos de esta ausencia pueden ser muchos. Voy a nombrarte algunos con el deseo de trasmitirte cierta tranquilidad.

Un nuevo proyecto nace de una necesidad creativa. Eso significa sentir un impulso que te pide a gritos que te sientes al piano, que cojas un lápiz, un pincel o que te levantes de la silla para que tu cuerpo se mueva artísticamente. Hay días y momentos que necesitas hacerlo. Pero otros muchos días no te apetece. No pasa nada.

Beber es una necesidad, pero no siempre tienes sed. Iniciar un nuevo proyecto no significa amanecer cada mañana con unas ganas tremendas. Puede que hayas presentado hace poco un proyecto que te ocupó durante meses y ahora te sientas vacía. No pasa nada. Puede que estés pasando una etapa de baja autoestima y estés trabajando en ello. No pasa nada. Puede que hayas decidido centrarte en tu formación académica como artista y no puedas enfocarte en tu faceta creativa. No pasa nada. Puede que tengas otra dedicación laboral que te ocupa en exceso y no sea el momento de iniciar ahora un nuevo proyecto artístico. No pasa nada. Y puede que estés haciendo tantas cosas a la vez que no acabes ninguna de ellas. Puede, puede, puede. Tranquila, no pasa nada.

Como te dije, sin proyecto no hay viaje. Pero es que la vida es ese viaje en donde aparecen enanitos que no estaban invitados a tu fiesta pero que condicionan todos tus planes. Como rezaba aquel repetitivo estribillo de la canción "Pedro Navaja" que popularizó el cantante Rubén Blades, "La vida te da sorpresas, sorpresas te da la vida". Y la vida es cíclica. No hay una mala racha permanente ni una fase plena interminable. De lo que sí debes estar convencido es que el timón del barco lo llevas tú y debes sujetarlo con fuerza para que, a pesar del temporal, logres mantener la dirección en el mar de tu vida.

Sin olvidar que un nuevo proyecto nace de la necesidad de sacar de nuestra alma lo que hemos vivido con intensidad, por lo que una mala etapa, una crisis o un no sé qué, va a servirte como combustible creativo y todo ese sentir se materializará en tu nuevo y flamante proyecto. Todo a su tiempo.

A diferencia del pilar personal y del artístico, en donde recomiendo una formación y crecimiento continuo, en el caso del pilar de proyecto es bueno y recomendable establecer periodos de no producción. Esta ausencia generará poco a poco nuevas necesidades creativas y aposentará la nueva formación para convertirla en recursos nuevos. Y, por otra parte, creará la necesidad en tu público de querer saber de ti. Los proyectos demasiado seguidos en el tiempo pueden empachar a tus seguidores y provocar que pierdan el interés por tu obra.

Eso sí, si quieres labrarte una trayectoria sólida y hacerte un hueco en el apretado mundillo artístico, deberás ir produciendo proyectos ordenadamente a lo largo de tu carrera. De lo contrario, serás un artista seguro de ti, con una buena formación, pero sin proyectos. Un artista vacío.

El cuarto artista

A estos tres que te he definido, el infeliz, el mediocre y el vacío, le añado uno más que debería ser tu principal meta. El artista realizado. Este artista reúne todas las virtudes de los tres primeros y se conecta plenamente con tu verdadera esencia.

Del artista infeliz, tomas el reto de mejorar en autoconocimiento y crecimiento personal. Cada día debes ser un poquito mejor y ello tiene que hacerte sentir bien para proyectarte hacia los demás con tu mejor versión. Así, te sentirás realizado.

El mediocre te ayudará a ser consciente de tu verdadero talento y a adaptar tus objetivos a tus capacidades reales. Si intuyes que estás por debajo de tu talento real, marcarás un plan de trabajo intenso para llegar a rendir en tu máximo potencial. Si crees que estás tocando techo y tus dedos ya no pueden ir más rápido en el piano, diseñarás un repertorio que emocione de igual forma que lo hace la melodía más lenta de Mozart. Así, te sentirás realizado.

Y, prestando atención a tu artista vacío, te marcarás nuevos proyectos en tu agenda. Recuerda que necesitas solo un instante de inspiración para tener una idea maravillosa y después muchas horas de arduo trabajo de oficina para desarrollarla, planificarla y presentarla a tu público. Así, te sentirás realizado.

Sentirse realizado no tiene por qué significar tener éxito, triunfar, ganar dinero o estar en los *top* diez de tu disciplina. En todo caso, eso podría ser una consecuencia. Si para sentirte feliz debes tener éxito, es muy probable que la frustración te acompañe muchas veces en tu camino. En cambio, si tu meta es sentirte realizado, eso solo dependerá de ti y no te dará miedo caminar solo.

Por último, la estabilidad que aportan a tu mesa los tres pilares y tu andar como artista realizado se traduce en la definición de tu marca personal y, en consecuencia, de tu marca artística.

Marca artística

En este libro hemos estado hablando de autoconocimiento, cómo eres; de tus creencias, cómo piensas; de motivación, para qué actúas; y de actitud, cómo actúas. Y a todo ello le añadimos tu producción artística, ya sea en tus primeras obras como artista novel o con una buena trayectoria a tus espaldas. En definitiva, de qué manera te muestras al mundo.

Este proceso de definición y promoción de lo que te representa como individuo es a lo que llamamos marca personal. Te anoto algunas ocurrentes aportaciones sobre marca personal que nos han dado célebres artistas o especialistas en *branding*.

Para el artista Andy Warhol consiste en "no tratar de ser diferente, sino de marcar la diferencia". Tom Peters afirma que "la marca personal es la reputación que tienes en la mente de los demás". Gary Vaynerchuk escribe: "La marca personal no es lo que haces, es cómo lo haces". Y una más, en este caso de Jay Baer: "La marca personal es lo que te hace memorable". Pero si me tengo que quedar con una, te escribo la misma con la que he iniciado este sexto suspiro: "La marca personal es la huella que dejas en la mente de los demás". La escribió Denise Lee Yohn.

En definitiva, la marca personal es cómo te ve el mundo, qué imagen obtienen de tu proyección y qué dicen de ti. Todo ello construye tu marca y, al ser un artista, también va estrechamente relacionada con el peso de tus tres pilares.

Tu crecimiento como persona se reflejará en los demás y dirán de ti si eres generoso, ambicioso, disciplinado o bien emplearán adjetivos menos deseables como *egoísta, narcisista* o *desorganizado*. Tu marca personal también te define por tus comportamientos a largo plazo. Y, artísticamente, en tus creaciones y en tu manera de presentarlas, también vas a mostrar una manera de hacer que generará adjetivos como *profesional, elegante, exquisito* u otros como *imprevisible, mediocre* o *mal producido*. A todo esto, le llamamos marca artística.

Te suspiro

Piensa por un momento cómo crees que te definen las personas que te conocen cuando hablan de ti. ¿Qué adjetivos utilizan para definir tu persona? Y, artísticamente, ¿qué imagen crees que proyectas? ¿Qué crees que comentan de tus obras?

Cómo construir tu marca artística

Primero, ten en cuenta que todo lo que he escrito en este libro debería convertirse en acciones de cambio y de mejora. De esta manera, además de la personal, irás construyendo también tu marca artística. Te explico ahora qué otros elementos ayudarán a que sea sólida y duradera.

Márcate objetivos basados en proyectos, determina a qué tipo de público va enfocado cada uno y define el mensaje que quieres transmitir. Sobre esto último, hago un pequeño paréntesis para explicarte que hoy en día es muy difícil crear algo nuevo que no se haya llevado a cabo antes. En cualquier disciplina que estés pensando ya se ha inventado todo. Por eso, la novedad va ligada a otros valores subyacentes a la obra, como aportar un mensaje potente que invite a reflexionar a tu seguidor, una causa, un para qué, una colaboración con otro artista, una fusión de estilos o cualquier razón que aporte un valor añadido a tu obra. De lo contrario, tu nueva canción será una más, muy buena quizás, pero una más en un estilo en el que cada día se publican miles. ¿Qué puede aportar la tuya como hecho diferencial?

Otro elemento que construye tu marca artística es el tono de comunicación. Eso significa la manera en que te diriges a tu público, ya sea cuando hablas en persona a tus seguidores o cuando publicas en tus redes sociales. En este sentido, de entrada, tienes que ver el mundo digital como una herramienta de proyección. Lo que debes decidir, muy seriamente, es si quieres proyectar tu vida personal, tu vida artística o las dos a la vez. Todo es válido, pero debes encontrar la fórmula que encaje con tu esencia. De lo contrario, vas a sufrir mucho.

En un primer caso, si eres vergonzosa y te incomoda hablar en primera persona mirando a la cámara para anunciar tu próximo evento, te va a resultar difícil sentirte bien cuando tengas que hacerlo. Pero debes tener en cuenta que el mejor impacto en una promoción es cuando es el propio artista quien se dirige a su público. Por tanto, debes cargarte de valor y en momentos puntuales lanzar un vídeo de promoción en el que tú misma invites a comprar las entradas. Si lo haces de la manera más parecida a cómo eres tú, el resultado tendrá mucha credibilidad y te aportará confianza para la siguiente ocasión.

En cambio, si te gusta la cámara y tienes facilidad para mostrarte en público, vas a utilizar los mensajes en primera persona como una herramienta muy habitual de proyección. Pero, sobre todo, asegúrate de que el tono de comunicación va acorde con el tipo de producción que estás promocionando. Si quieres que vengan a tu concierto intimista, será bueno que cuando grabes la promoción muestres un tono cercano, sosegado y que invite a la reflexión. Y, al contrario, si tu nueva producción es de *heavy metal* no deberías promocionarla en una biblioteca. Bueno, eso podríamos hablarlo, ya que en publicidad se emplean estrategias sorprendentes que funcionan muy bien. Pero en todo caso, piénsalo bien.

En mi opinión, para construir una marca artística potente no se debería mezclar en ella la parte más personal. A tu público le interesa, primero de todo, la obra. Una canción, un libro o una película. Si le gustan otras obras, empezarán a seguirte como personaje. Y si se convierten en fieles seguidores, se mostrarán curiosos por saber sobre tu vida personal. Y es entonces cuando tú, artista, decides qué es lo que quieres que sepan de ti. Pero ten en cuenta que toda la información personal que obtengan de ti puede convertirte en alguien muy vulnerable.

Y, por favor, cuanto antes puedas, olvida al señor algoritmo. Te va a estar fastidiando cada día. Primero te dirá que debes publicar contenidos cada día sin parar durante semanas y, cuando lo hayas hecho, con el estrés que eso supone, te dirá que ya no, que ahora debes hacerlo solo tres veces por semana pero que deben ser vídeos en donde salgas haciendo el chimpancé. Más ansiedad. Y mientras, te fijarás en un artista parecido a ti, o peor, que ya tiene cien mil seguidores y que te hará preguntarte ¿cómo carajo lo ha hecho? Y venga, más y más ansiedad.

De nuevo, insisto en que tu meta debe ser sentirte realizado y no necesariamente tener éxito. Por tanto, sí, las redes sociales debes mantenerlas en forma, creando contenido de calidad e invirtiendo algo de dinero para aumentar la visibilidad. ¡Claro que sí! Pero invierte la mayoría de tu tiempo en tus tres pilares. Y quién sabe si un día, fruto de tu trabajo y de la dosis de azar que te proporcionen los astros en una noche de luna llena, algo grande te ocurra como artista y pegues el gran salto. Sí, puede ocurrir. Concretamente le sucede al 0,01 por ciento de los artistas que están cada día dándolo todo para tener éxito. Uno de cada 10.000 para ser más exactos. No está mal.

Felicitamos desde aquí a ese agraciado artista. Y para los 9.999 restantes sería genial recomendarles mi libro por si puede servirles de ayuda. Eso no sé si me convertirá en un escritor de éxito, pero seguro que me hará sentir un escritor realizado. Ese es mi camino.

Te suspiro

Estimado y estimada artista. Este es el último suspiro que te propongo. Han sido muchas líneas para invitarte a pensar y a analizar desde muchas perspectivas cómo estás actualmente y cómo te gustaría estar. Estoy seguro de que en muchos momentos has abierto los ojos pensando que exactamente esa línea describía lo que estás sintiendo. O, en todo caso, le has puesto nombre a algo que te inquietaba y no sabías definir.

Pero, créeme, puedes leer este libro mil veces o leer mil libros una vez en donde te expliquen con detalle lo que te pasa, que, si no haces algo nuevo, irás agrandando tu biblioteca, pero tú seguirás siendo siempre el mismo lector. La acción genera cambio.

Por mi parte, seguiré escribiendo, componiendo y sobre todo buscando incansablemente mi realización. No creas que la he conseguido del todo, pero cada mañana genero un plan de acción que, por pequeño que sea, me ayude a seguir con el convencimiento de que es posible.

Escúchame

"Sonríe" es mi última composición para este suspiro. Mientras la escuchas, te invito a pensar en lo que te ha aportado la lectura de este libro y cómo puede ayudarte a que dudes menos de ti.

Sigue suspirando, llena tus pulmones y sonríe.

Lee este código para escucharla.

NO LO OLVIDES

Días para descubrir cómo eres y qué es aquello que quieres cambiar, semanas para tener la herramienta que lo haga posible y meses para convertirlo en un hábito.

Si tu pilar personal flojea, podrás ser un artista de éxito, pero puede que seas también un artista infeliz.

No confundas estar en una etapa de baja autoestima con no tener talento.

Tu meta debe ser sentirte realizado y no necesariamente tener éxito.

El timón del barco lo llevas tú y debes sujetarlo con fuerza para que, a pesar del temporal, logres mantener la dirección en el mar de tu vida.

Para sentirte feliz debes sentirte realizado. Eso solo dependerá de ti y no te dará miedo caminar solo.

Sigue suspirando, llena tus pulmones y sonríe. Adelante, artista.

Y en el siguiente código descubrirás un regalito que te he dejado.

110

EPÍLOGO

Suspiros a 432 Hz

Es el momento de descubrir el pequeño enigma que te lancé en el primer suspiro en donde te comentaba que recordaras la cifra de 432. Este número corresponde a una frecuencia medida en hercios, palabra que proviene de su creador, Heinrich Rudolf Hertz. Define el número de veces que vibra una onda y que determina su altura como una de las cualidades del sonido. 1 Hz es una vez por segundo y, por tanto, 432 Hz significa que se producen 432 vibraciones por segundo cuando se ejecuta ese sonido en un instrumento musical.

La nota musical que produce los 432 Hz es un La y el resto de las notas vibran en proporción siendo las notas agudas las de más vibración y las de menos, las más graves. Durante siglos se consideró que escuchar música con esta afinación facilitaba la conexión de la parte más espiritual del ser humano con la naturaleza del universo, aportándole paz y serenidad.

Pero esta afinación dejó de usarse a partir del año 1939 cuando Joseph Goebbels, jefe de propaganda y ministro nazi de Hitler, ordenó la nueva frecuencia de afinación a 440 Hz, obteniendo así un sonido significativamente más agudo. Poco a poco, se adoptó esta nueva cifra en todos los ámbitos musicales y fue en 1953 cuando se estableció como la frecuencia estándar de afinación.

Desde ese momento, y aún hoy en día, se mantiene el debate sobre qué afinación es la más adecuada para el oído humano. Si los 432 Hz que conectan al oyente con la esencia del universo, o bien son preferibles los 440Hz que aportan un sonido más vivo y brillante, pero que lo alejan de esa conexión espiritual. Quizás por ello, aunque el 99,9% de la música actual se graba a 440 Hz, es cierto también que la afinación antigua se utiliza muy habitualmente para meditación, yoga y disciplinas que invitan a mirar hacia nuestro interior.

Pues bien, resolviendo el enigma, los seis suspiros musicales que he creado en este libro como acompañamiento sonoro a tu lectura están grabados en un piano afinado en el sugerente La a 432 Hz.

Deseo que mi música te haya conectado con tu mejor esencia y mis palabras te hayan ayudado a seguir adelante en este difícil y también maravilloso mundo artístico.

Por cierto, el piano que he utilizado también esconde un curioso enigma. Lo descubriré más adelante.

Cuando dudas de ti
se ha terminado de imprimir
el día 7 de febrero de 2025
en los talleres
de Arts Gràfiques Bobalà, S L
de Lleida